高中数学典型问题研究

白春元　著

山东大学出版社
SHANDONG UNIVERSITY PRESS
·济南·

图书在版编目(CIP)数据

高中数学典型问题研究/白春元著.—济南:山东大学出版社,2021.12

ISBN 978-7-5607-7285-1

Ⅰ.①高… Ⅱ.①白… Ⅲ.①中学数学课—教学研究—高中 Ⅳ.①G633.602

中国版本图书馆 CIP 数据核字(2021)第 266168 号

策划编辑 秦大忠
责任编辑 秦大忠
文案编辑 任 梦
封面设计 王秋忆

出版发行 山东大学出版社
社　　址 山东省济南市山大南路 20 号
邮政编码 250100
发行热线 (0531)88363008
经　　销 新华书店
印　　刷 济南华林彩印有限公司
规　　格 720 毫米×1000 毫米 1/32
　　　　 6.625 印张 203 千字
版　　次 2021 年 12 月第 1 版
印　　次 2021 年 12 月第 1 次印刷
定　　价 48.00 元

前　言

自公元前6世纪古希腊数学家泰勒斯把逻辑推理引入数学以来，人们就一直在探索，如何把由经验而得到的数学知识用一个公理系统来表示。因为这些由经验得到的数学知识有时并不可靠，公元前4世纪，欧几里得解决了这一问题，并构造了初等几何公理系统。19世纪，希尔伯特进一步完善了欧几里德的初等几何公理系统，并奠定了现代数学的公理化方法的基础。20世纪以来，以布尔巴基学派为代表的数学家们，基本完成了对大多数数学分支的公理化，在整个数学界建立了一个构成严谨而又优美和谐的演绎体系。数学公理化的目的，就是把某一数学问题表述为一个演绎系统。这个演绎系统的出发点是一组基本概念和基本命题：基本概念是对数学实体的高度纯化和抽象，基本命题则是对基本概念相互关系的制约和规定。目前，我们现行通用的数学教材，都是根据一定的公理化要求形成的演绎体系编写而成。尽管如此，由于受到历史遗留问题的影响，特别是受到人类对数学认识局限性的影响，仍然有许多问题困扰着我们。本书主要针对其中极小一部分数学问题进行探究，例如为什么对“集合”的概念不加定义，为什么设两个函数定义等，试图从数学的产生与发展、人们对数学的认识以及数学的公理化、教学的逻辑等角度进行探讨。但由于作者能力和水平有限，书中难免存在这样或那样的问题，甚至是错误。因此，欢迎大家批评指正，并共同探索这些问题，使本书进一步完善。

作　者

2021年10月

目　录

1　什么是数学

从词源上来看,“数学”一词来源于古希腊语“μαθημματικ”,意指某种“已学会,或者已被理解的东西”,也有“已获得的知识”的意思,甚至意味着“可获得的东西”“可学会的东西”,即通过学习可获得的知识。不过此时的“数学”还只是一个表示一般性知识的名词。又经过了很漫长的岁月,大约是到了古希腊哲学家亚里士多德的时代(即公元前4世纪前后),它才成为今天这样专门用来表示数学的专业术语。关于数学的说法,自古以来众说纷纭。下面列举了一些名人对数学的理解:

一个国家只有数学蓬勃的发展,才能展现它国力的强大。数学的发展和至善与国家繁荣昌盛密切相关。——拿破仑

数学在用最不显然的方式证明最显然的事情。——波利亚

数学是研究数量关系和空间形式的科学。——恩格斯

一门科学,只有当它成功地运用数学时,才能达到真正完善的地步。——马克思

数学之所以比一切其他科学受到尊重,一个理由是因为他的命题是绝对可靠和无可争辩的,而其他的科学经常处于被新发现的事实推翻的危险。——爱因斯坦

纯粹数学,就其本质而言,是逻辑思想的诗篇。——爱因斯坦

数学是一门演绎的学问,从一组公设,经过逻辑的推理,获得结论。——陈省身

数学是研究抽象结构的理论。——布尔巴基学派

数学的真谛就在于不断寻求用越来越简单的方法证明定理和解决数学问题。——加德纳

宇宙之大，粒子之微，火箭之速，化工之巧，地球之变，生物之谜，日用之繁，无处不用数学。 ——华罗庚

此外，还有如下一些常见的说法：

数学是一种生活方式。

数学是一般知识。

数学是数量的科学。

数学是关于关系系统的科学。

数学是定义的科学。

数学是语言的语言。

数学是一种工具，是研究自然的工具。

数学是一种思维方式，可看作人类一种思维的自由创造，一种发明。

数学是一种艺术。

数学是思维。

数学是一门演算的科学。

数学是研究模式的科学。

数学是人类悟性的自由创造物。

数学是用来书写宇宙的一种文字。

数学是一种文化，数学一直是形成现代文化的主要力量，同时又是这种文化极其重要的因素。

音乐能激发或抚慰情怀，绘画使人赏心悦目，诗歌能动人心弦，哲学使人获得智慧，科学可改善物质生活，但数学能给予以上的一切。

数学是一种能澄清混淆的思考方式，它是一种语言，能让我们把世界上混杂的局面翻译成可以去管理的方式。

数学不是规律的发现者，因为它不是归纳。数学也不是理论的缔造者，因为它不是假说。但数学却是规律和理论的裁判和主宰者，因为规律和假说说明自己的主张，然后等待数学的裁判。如果没有数学上的认可，则规律不能起作用，理论也不能解释。

数学是维护世界秩序的重要因素。

数学是结构（存在数量）和关系（存在变化）的描述，以及验证

（结构和关系）的方法和过程。

数学是现实的核心。

数是万物的本质。

纯粹思想的最高形式是数学。

数学是自然界最真实的本质。

数学是研究数量、结构、变化以及空间模型等概念的一门学科。

数学是从计量、度量，以及描述物体形状，所发展出的关于结构、次序和关系的学科。

数学不仅是世界观，也是方法论。

数学不仅是一切自然科学的基础，也与人们的日常生活息息相关。

……

但不论怎么说，以上这些表述都不能算是对数学的定义，因为它们都没能够指出数学的本质是什么。因此，到目前为止，对数学的界定仍是一个未完成的课题。不过，虽然数学没有得到界定，却并没有影响到它的发展。

今天的数学已经发展成为一门具有两个显著特征和多个分支的独立科学。数学的两个显著特征分别是指它的公理化特征与形式化特征。所谓公理化特征，就是指数学是由初始概念、导出概念、公理、定理，以及公式和命题等构成的一个演绎体系，即公理系统。在这个公理系统中，初始概念和公理是公理系统的出发点。所谓形式化特征，是指数学是通过把概念转换为形式语言中的符号，把命题转换为形式语言中的符号公式，把定理的推演转换为形式语言中的符号公式变形，把证明转换为形式语言中的符号公式的有穷序列，进而把公理系统形式化。形式化公理系统包括三个部分，分别为形式语言、形式系统的公理和一组变形规则（也称为“推导规则”）。数学的多个分支主要是指数理逻辑与数学基础、数论、代数学、代数几何学、几何学、拓扑学、数学分析、非标准分析、函数论、常微分方程、偏微分方程、动力系统、积分方程、泛函分析、计算数学、概率论、数理统计学、应用统计数学、运筹学、模糊数学、量子数学、应用数学及数学史，等等。而且随着数学的发展，还有许多新的分支不断地产生出来。

此外，虽然对于数学的界定问题还没有解决，但是人类从未停止过对它的发展的探索，而且还形成了许多理论，如逻辑主义理论、形式主义理论、直觉主义理论、结构主义理论和模式主义理论等。

逻辑主义理论是由英国著名的数学家、哲学家和逻辑学家，逻辑主义的主要代表人物罗素提出来的。他认为，数学即逻辑。因为每一个数学概念、每一个数学定理，都可以由一个公理系统推导出来，这个公理系统就是一个关于基本逻辑概念和基本逻辑规则的逻辑公理系统。因此，所谓的数学不过是逻辑学在某一方面的发展所形成的逻辑学公理系统。

形式主义理论是由德国著名数学家希尔伯特提出来的，他认为，数学的发展实际上就是形式系统的发展。在这种形式系统的发展中，由逻辑公理系统推导出来的数学概念是没有意义的，其定理也无所谓真假，只要能够证明该公理系统是相容的，不互相矛盾就可以了。因此，数学应是一个形式系统。

直觉主义理论是由美籍荷兰数学家布劳威尔提出来的，他有一个著名的口号："存在即被构造。"他认为，人们对数学的认识不依赖于逻辑和语言经验，而是"原始直觉"（即人皆有的一种能力）。纯粹数学是"心智的数学构造自身"，是"反身的构造"，它"开始于自然数"，而不是集合论。这种数学构造与构造物的性质无关，与其本身是否独立于人们的知识无关，与人们所持的哲学观点也无关。构造物应该怎样就怎样，数学判断应该是永恒的真理，即数学是一种客观的存在。

结构主义理论是由法国的布尔巴基学派提出来的，他们认为，数学至少是纯数学，即基础数学，它是研究抽象结构的科学。所谓结构，就是从初始概念和公理出发的演绎系统。数学有着三种基本的抽象结构，即代数结构（群、环、域等）、序结构（偏序、全序、格等）和拓扑结构（邻域、极限、连通性、维数等）。数学就是由这三种不同的结构演绎而来的一个体系。

模式主义理论是近年来流行广泛的一种关于数学发展的理论，该理论认为，数学是一种研究模式的科学。依据这个理论，数学的任务是界定并分析抽象的模式。这些模式包括数值的模式、形状的模式、运动的模式、表现的模式、选举的模式、可重复的随机性的模式，等等。这些模式可以是真实的，也可以是想象的；可以是可见的，也可以是不可见的；可以是静态的，也可以是动态的；可以是定性的，也可以是定量的；可以是实用的，也可以仅仅是好玩的。即从实际背景到思维创造，它们可以是世界上的任何模式。此外，不同的模式对应研究不同的数学分支，如代数与数论研究数和计数的模式，几何研究形状的模式，逻辑研究推理的模式，概率研究随机性的模式，拓扑研究紧密度和位置关系的模式，分形理论研究自然界自相似性的模式。因此，数学的发展只不过是数学的模式在发展，而数学不过就是模式。

显然，这些理论也只不过是从不同的角度出发，阐述了人类对数学的看法而已，并没有什么实质性突破。事实上，也不可能有什么实质性突破。因为“数学”这一概念是一个动态的概念，从它产生起，就一直处在不断发展变化之中。因此，在某一历史时期给它作出的界定可能是适当的，但过了这个历史时期就未必合适了。这样，人类对它来说，只能像对待 π 那样，可以去探索它、认识它，但是却永远搞不清楚它到底是什么。此外，人类还可以像对待 π 那样给它起一个名字，如“数学”。但是，这只能是一个语义上的概念。这个概念，如同欧几里得所著《几何原本》一书中的点、线、面那样，你只管用它、说它，而无须问它。

2 为什么要了解数学发展史

自公元前6世纪，古希腊思想家、哲学家、科学家、数学家泰勒斯把逻辑推理引入数学，开创了命题的证明以来，人类逐渐认识到把由经验而得到的数学转化成一个严谨而又优美的理论体系的重要性。特别是到了公元前4世纪，欧几里得建立了初等几何公理系统以后，更加坚定了人类对这一重要性的认识。但是数学的实际发展历程并不是这样。我们不妨从远古、古代、近代、现代四个维度，来看一下数学的发展情况（见表2-1）。

表2-1 远古、古代、近代、现代数学发展概况统计

年代		研究水平/主要成果	主要代表人物/学派
远古	公元前6世纪以前	出现了数学记载、数字刻符，如象形数字、楔形文字、几何图案等。开始使用十进制的记数法、六十进制的算法，有了加、减、乘、除的算术，有了分数的计算法，能解两个变数的一次和二次方程，证明了勾股定理。有了“圆、方、平、直”等形的概念，出现了三角形及圆的面积，正方角锥体、锥台体积的度量方法	古苏美尔人、古美索不达米亚人、古巴比伦人、古埃及人、古中国人

续表

年代		研究水平/主要成果	主要代表人物/学派
古代	公元前6世纪至公元前1世纪	古希腊的泰勒斯发展了初等几何学，开始证明几何命题；对数有了新的认识，认为数是万物的本原，宇宙的组织是数及其关系的和谐体系；证明了勾股定理，发现了无理数，引起了第一次数学危机，求出了$\sqrt{2}=1.4142156$；指出了在运动和变化中的各种矛盾，提出了飞矢不动等有关时间、空间和数的芝诺悖论；研究了由直线及圆弧形所围成的平面图形的面积，指出相似弓形的面积与其弦的平方成正比，并开始把几何命题按科学方式排列；把比例论推广到不可公约量上，发现了穷竭法，开始在数学上作出以公理为依据的演绎整理；用原子法计算面积和体积，设想一条线段、一个面积或一个体积由很多不可分的原子所组成；提出了圆锥曲线的概念；发现了三次方程式的解法；开始对数学、动物学等进行综合的研究；指出数学对训练思维的作用，创办了“学园”，主张通过几何的学习培养人的逻辑思维能力；著《几何学史》，研究正多面体、不可公度量；采用十进位值制的筹算记数法，并成为当时的主要计算方法；出现了记载有一些几何学义理的《墨经》；发现了三种圆锥曲线，并用以解立方体问题；编写世界上最早的公理化数学著作《几何原本》，确立了几何学的逻辑体系；研究了曲线图形和曲面体所围成的面积、体积；研究了抛物面、双曲面、椭圆面、螺线；讨论了圆柱、圆锥和半球之间的关系；确定了大量复	古希腊的泰勒斯、米利都学派、毕达哥拉斯(学派)、智人学派、巴门尼、希波克拉底、欧多克斯、德谟克利特学派、亚里士多德(的吕园学派)、安提丰、欧多克索斯、欧多莫斯、柏拉图(学派)、梅纳克莫斯、色诺科拉底、欧德姆斯、欧几里得、阿基米德、埃拉托色尼、阿波罗尼(阿波罗尼奥)、希帕恰斯，意大利的埃利亚学派、芝诺，古雅典人，古印度人，古中国人

续表

年代		研究水平/主要成果	主要代表人物/学派
古代	公元前6世纪至公元前1世纪	杂几何图形的面积与体积;给出了圆周率的上下界;提出了采用力学方法来推测问题答案,由此产生了近代积分论的思想;出现了《庄子》《考工记》,其中记载了极限、分数运算、特殊角度等概念及对策论的例证;提出了素数概念,并发明了寻找素数的“筛法”;完成了最早关于椭圆、抛物线和双曲线的论著《圆锥曲线论》;开始研究球面三角,奠定了三角术的基础;出版了天文学著作《周髀算经》,其中阐述了盖天说和四分历法,记述了勾股定理、分数算法和开方法等	
	1至10世纪	编写了中国最早的数学专著《九章算术》,其中收集了246个问题及解法,内容涉及正负数运算法则、分数四则运算、线性方程组解法、比例计算、线性插值法、盈不足术等方面;提出了用三角形三边长表示面积的海伦公式;发表了《球学》,其中包括球的几何学,并附有球面三角形的讨论;编撰了关于几何学、计算、力学等的百科全书,其中的《度量论》给出了以几何形式推算三角形面积的“希隆公式”;完成了《算术引论》,使算术开始成为独立学科;著《数学汇编》,总结了古希腊各家的研究成果,并记述了“帕普斯定理”和旋转体体积的计算法,提出透视投影法与球面上经纬度的讨论,有了坐标的思想;提出了创割圆术,以及计算圆周率的方法,证明了圆的面积公式,推导出了四面体及四棱锥的体积等,并有了极	中国西汉的张苍、耿寿昌,魏晋的刘徽,东吴的赵爽,南北朝的祖冲之、祖暅,北周的甄鸾,隋朝的刘焯,唐朝的僧一行、王孝通、李淳风,希腊的海伦、梅内劳、希隆、尼寇马克、托勒密、尼可马修斯、丢番图、帕普斯,印度的阿耶波多、婆罗摩笈多、摩珂毗罗,阿拉伯的阿尔·花剌子模(花拉子米)、

续表

年代		研究水平/主要成果	主要代表人物/学派
古代	1至10世纪	限的思想；著古希腊代数的代表作《算术》，解决了许多定方程和不定方程问题，并引入一系列缩写符号；《孙子算经》成书，系统记述了筹算记数制；著《勾股圆方图注》，其中列出了关于直角三角形三边之间关系的命题共21条；发明了割圆术，并算得圆周率为3.141 6；著《海岛算经》，论述了有关测量和计算海岛的距离、高度的方法；古希腊几何学著作《数学集成》问世；算出了圆周率的近似值到第七位小数；《张邱建算经》成书；著《阿耶波多文集》，总结了当时印度的天文、算术、代数与三角学知识，其中讨论了一次不定方程式的解法、度量术和三角学等，作出了正弦表，并尝试以连分数解不定方程；撰《五曹算经》《五经算术》《数术记遗》；提出了祖氏定律：若二立体等高处的截面积相等，则二者体积相等(西方直到17世纪才发现同一定律，称为“卡瓦列利原理”)；编制《皇极历》，其中已用内插法来计算日、月的正确位置；首创等间距二次内插公式，后发展出不等间距二次内插法和三次内插法；著《缉古算经》，解决了大规模土方工程中提出的三次方程求正根的问题，是最早提出三次方程数值解法的著作；著《婆罗摩历算书》，研究了定方程和不定方程、四边形、圆周率、梯形和序列，给出了方程 $ax+by=c$(a,b,c 是整数)的第一个一般解；著《“十部算经”注释》，并作为国子监算学馆的课本(“十部算经”指的是《周髀	阿尔·巴塔尼、阿卜尔维法、阿尔比鲁尼

续表

年代		研究水平/主要成果	主要代表人物/学派
古代	1至10世纪	算经》《九章算术》《海岛算经》《张邱建算经》《五经算术》等);编成《大衍历》,建立了不等距的内插公式;著以二次方程求解为主要内容的《代数学》,并于12世纪译成拉丁文传入欧洲;发表了《印度计数算法》,使西欧人熟悉了十进位制;提出岭的运算法则;创造了包括零的十进制数码,后传入阿拉伯,演变为现今的阿拉伯数字;提出正切和余切概念,造出0°~90°的余切表,用sin标记正弦,并证明了正弦定理	
	11至16世纪	著《议古根源》,提出了正负开方术;著《黄帝九章算术细草》,创造了增乘开方法,并列出了二项式定理系数表(现称"杨辉三角和增乘开方法");著《梦溪笔谈》,提出了"隙积术"和"会圆术",开始了高阶等差级数的研究;完成了一部系统研究三次方程的著作《代数学》,首创用圆锥曲线解三次方程;首次解出了二次方程的根;解决了"海赛姆"问题(即要在圆的平面上两点作两条线相交于圆周上一点,并与在该点的法线成等角);著《婆什迦罗文集》,给出了二元不定方程的若干特解,对负数的意义已有所认识,并使用了无理数;著《计算之书》,将阿拉伯计数法推广到西方(阿拉伯数字及整数、分数的各种算法);完成了《几何学实习》一书,介绍了许多阿拉伯资料中没有的示例;著《数书九章》,创立解一次同余式的大衍求一术和求高次方程数值解的	中国北宋的刘益、贾宪、沈括,南宋的秦九韶、李治、杨辉,元朝的王恂、郭守敬、朱世杰,明朝的程大位、吴敬、王文素,阿拉伯的卡牙姆(奥马·海亚姆)、阿尔·卡尔希,埃及的阿尔·海赛姆,印度的拜斯迦罗(婆什迦罗),意大利的裴波那契、帕奇欧里、塔塔利亚、卡尔达诺、费尔诺、邦别利,英国的布雷德沃丁、

续表

年代		研究水平/主要成果	主要代表人物/学派
古代	11至16世纪	正负开方术；著《测圆海镜》，系统论述了天元术；开始使三角学脱离天文学而独立存在，将欧几里得所著《几何原本》译为阿拉伯文；著《详解九章算法》，用垛积术求出几类高阶等差级数之和；完成了《乘除通变本末》，叙述了九归捷法，介绍了筹算乘除的各种运算法；开始使用“授时历”，其中用招差法编制日月的方位表；开始应用珠算盘，并逐渐代替了筹算，使珠算在中国普及；著《四元玉鉴》，将天元术推广为四元术，研究高阶等差数列的求和问题；将正切、余切引入三角计算；撰《比例算法》，最早引入分指数概念；完成了《论图线》，其中研究了变化与变化率以及创图线原理，即用经、纬度(相当于横、纵坐标)表示点的位置并讨论函数图象；著《算术之钥》，系统论述了算术、代数的原理和方法；编著了《圆周论》，其中给出了圆周率的值至17位准确数字；完成欧洲第一本系统的三角学著作《论一般三角形》，其中给出了球面三角学的正弦定律；将欧几里得的《几何原本》译成拉丁文出版；使用符号“+”“-”表示加、减运算；《论各种三角形》成书，其中系统地总结了三角学；完成了《算术集成》，该书涵盖了当时所知道的关于算术、代数和三角学的知识；发现三次方程的解法；用符号“=”表示相等；《大法》成书，给出了三次和四次方程的一般解法；《代数学》成书，说明了对于三次方程的不可约情形，引入了虚数，通过	雷科德，法国的奥尔斯姆，德国的雷格蒙塔努斯、约·米勒、魏德曼、雷蒂卡斯、韦达，荷兰的贺伊克、斯蒂文

续表

年代		研究水平/主要成果	主要代表人物/学派
古代	11 至 16 世纪	虚数运算必可得三个实根,给出了初步的虚数理论;提出了分数指数的概念与符号;揭示了十进制分数与十进制小数的意义,创设了对它们的记法、算法及表示法;从直角三角形的边角关系出发,定义了 6 个三角函数;著《分析方法入门》,首次使用字母表示数字系数的一般符号,指出方程的根与系数的关系,推进了代数问题的研究进程;著《直指算法统宗》,其中详述了算盘的用法,并附有大量运算口诀	
近代	17 世纪	发明了对数,作出了第一张对数表;完成了《酒桶的立体几何学》,研究了圆锥曲线旋转体的体积,实现了由阿基米德求积方法向近代积分法的过渡;提出了最早的代数基本定理;掌握了求极大、极小值方法,开始用微分法求极大、极小值;发表了《不可分连续量的几何学》;《几何学》成书,提出了解析几何的理论,把变量引入数学,成为数学发展的转折点;完成了《关于两种新科学的数学证明的论说》,研究了距离、速度和加速度之间的关系,提出了无穷集合的概念;完成了《企图研究圆锥和平面的相交所发生的事的草案》,开始了近世射影几何学的早期工作;完成了《圆锥曲线论》;提出了关于圆锥内接六边形的帕斯卡定理;发明了加减法机械计算机(帕斯卡计算器);著《无穷算术》,导入了无穷级数与无穷乘积,首创无穷大符号"∞",首次将代数学扩	英国的纳皮尔(耐普尔)、瓦里斯(沃利斯)、牛顿、雷夫逊、巴罗,德国的开卜勒(开普勒)、莱布尼茨,荷兰的吉拉尔、惠更斯,法国的费马、笛卡儿、费尔玛、德扎格(迪沙格)、帕斯卡、洛必达,意大利的卡瓦列利、伽利略,日本的关孝和,瑞士的约翰·伯努利(贝努利),中国的徐光启

续表

年代		研究水平/主要成果	主要代表人物/学派
近代	17世纪	展到分析学；著《论骰子游戏的推理》(概率论的早期著作)，引入了数学期望的概念；《摆线通论》成书，对“摆线”进行了充分的研究；创建了流数术；发明了解非线性方程的牛顿-雷夫逊方法；提出了费马大定理；《论组合的技术》成书，孕育了数理逻辑思想；著《几何学讲义》，引入了微分三角形的概念；发表了《摆动的时钟》，其中研究了平面曲线的渐屈线和渐伸线；发表了《无穷多项方程的分析》《流数术方法与无穷级数》《关于极大极小以及切线的新方法》等文章，建立了微积分基本定理，完成了关于微分法、积分法的著作，创用了积分符号；创立了和算，引入了行列式的概念，开创了对“圆理”的研究；完成了《自然哲学的数学原理》，首次以几何形式发表了流数术；提出了“最速降曲线”问题，导致了变分法的产生；完成了《无穷小分析》，发明了求不定式极限的洛必达法则；完成了《微分学初步》，促进了微积分在物理学和力学上的应用及研究；解决了一些变分问题，发现了最速下降线和测地线	
	18世纪	发表了《三次曲线枚举》《利用无穷级数求曲线的面积和长度》《流数法》《使用级数、流数等的分析》；完成了《正的和反的增量方法》；完成了载有伯努利大数律的概率论的第一本著作《猜度术》；完成了研究空间解析几何和微分几何的《关于双重曲率的曲线的研究》，发现了正态概率曲线；发表	英国的牛顿、泰勒、德·勒哈佛尔、贝克莱、马克劳林(麦克劳)，瑞士的雅·贝努(雅各布)、欧拉、克莱姆，法国的棣莫弗、克莱罗、

续表

年代		研究水平/主要成果	主要代表人物/学派
近代	18 世纪	了《分析学者》，其副标题是《致不信神的数学家》，攻击牛顿的“流数法”，引发了第二次数学危机；发表了《流数法和无穷级数》；完成了《力学，或解析地叙述运动的理论》（这是第一本用分析方法发展牛顿的质点动力学的著作）；《流数通论》成书，试图用严谨的方法来建立流数学说，其中给出了马克劳林展开的概念；著《寻求具有某种极大或极小性质的曲线的技巧》，导出了变分法的欧拉方程，并发现了某些极小曲面；发表了《弦振动研究》，导出了弦振动方程，开创了偏微分方程论；完成了系统研究分析数学的《无穷分析概要》《微分学》和《积分学》；给出了解线性方程组的克莱姆法则；发现了多面体公式：$V-E+F=2$；系统地研究了变分法及其在力学上的应用；发现了分离代数方程实根的方法和求其近似值的方法；开创了双曲函数的全面研究；把置换群用于代数方程式求解，开始了对群论的研究；给出了三体问题最初的特解；提出了投针问题，开创了对几何概率理论的早期研究；著《代数方程的一般理论》，系统论述消元法理论；《解析力学》成书，将新发展的解析法应用于质点、刚体力学；完成了当时标准的几何教科书，也是流传很广的初等几何学课本《几何学概要》；从研究测量误差出发，提出了最小二乘法；发表了《关于把分析应用于几何的活页论文》；著《解	达朗贝尔、拉格朗日、布丰、贝祖、勒让德、蒙日、拉普拉斯，苏格兰的斯特林，德国的朗伯、高斯，挪威的韦塞尔

续表

年代		研究水平/主要成果	主要代表人物/学派
近代	18 世纪	析函数论》,主张以函数的幂级数展开为基础建立微积分理论;给出了复数的几何表示法;发表了《解析函数论》,不用极限的概念而用代数方法建立微分学;《画法几何学》成书,使画法几何成为几何学的一个专门分支;证明了代数学的一个基本定理:实系数代数方程必有根;《天体力学》成书,其中包含了许多重要的数学成果,如拉普拉斯方程、位势函数等	
	19 世纪	《算术研究》成书,开启了对近代数论的探索;完成了最早的比较系统的数学史著作《数学史》;提出了任意函数的三角级数表示法(傅里叶级数);完成了微分几何学的第一本书《分析在几何学上的应用》;《概率的解析理论》成书,提出了概率的古典定义,将分析工具引入了概率论;发表了《关于定积分理论的报告》,开创了复变函数论的研究;发现了非欧几何;《纯粹分析的证明》成书,首次给出了连续性导数的定义,给出了一般级数收敛性的判别准则;完成了《代数分析教程》,引入了不一定具有解析表达式的函数概念,用极限严格定义了函数的连续、导数和积分,研究了无穷级数的收敛性等;导出了波动方程解的泊松公式;著《论图形的射影性质》,奠定了射影几何学基础;在热传导问题研究中,发明了用傅里叶级数求偏微分方程边值的方法;证明了用根式求五次方程根的不可能性;发	德国的高斯、雅可比、库莫尔(库默尔)、施陶特、黎曼、莫比乌斯(麦比乌斯)、狄利克莱(狄利克雷)、克莱茵、维尔斯特拉斯(外尔斯特拉斯)、格拉斯曼、普吕克、克朗尼格、康托尔、戴特金、弗罗贝尼乌斯、帕施、林德曼、弗莱格(弗雷格)、达布尔、闵科夫斯基、希尔伯特、瑞利,法国的蒙蒂克拉、拉朗德、傅里叶、蒙日、拉普拉斯、

续表

年代		研究水平/主要成果	主要代表人物/学派
近代	19世纪	现了连续函数的级数之和并非连续函数；完成了最早的非欧几何论著《论几何基础》，改变了欧几里得几何学中的平行公理，提出了非欧几何学的理论；著《椭圆函数论新基础》，确立了椭圆积分与椭圆函数的理论；建立了对偶原理；著《关于曲面的一般研究》，开创了曲面内蕴几何学；建立了微分几何中关于曲面的系统理论；完成了《重心演算》，首次引进齐次坐标；在代数方程可否用根式求解的研究中建立了群论；著《代数通论》，首创以演绎方式建立代数学；提出了当时通用的函数定义(变量之间的对应关系)；《绝对空间的科学》发表，独立于罗巴切夫斯基提出非欧几何学原理；著《几何形的相互依赖性的系统发展》，利用射影概念从简单结构构造复杂结构，发展了射影几何；证明了微分方程初值问题解的存在性；发现了解析函数的幂级数收敛定理；建立了复数的代数学；提出了确定代数方程式实根位置的方法；证明了解析系数微分方程解的存在性；证明了具有已知周长的一切封闭曲线中包围最大面积的图形一定是圆；第一次给出了三角级数的一个收敛性定理；把解析函数用于数论，并引入了狄利克莱级数；建立了行列式的系统理论；完成了《线性扩张论》，建立了N个分量的超复数系，提出了一般的N维几何的概念；在研究多个变元的代数系统中，首次提出多维空间的概念；提出了求	柯西、泊松、彭赛列(彭色列)、勒阿德尔、热尔岗、伽罗华(伽罗瓦)、斯特姆、埃尔米特、彭加勒(庞加莱)、达布、阿达马、瓦里-布桑，英国的格林、皮科克、哈密顿、布尔、凯莱、斯托克斯、亥维赛、皮尔逊，俄国的罗巴切夫斯基、车比雪夫(切比雪夫)、李雅普诺夫，匈牙利的波约、波尔约，瑞士的史坦纳(施泰纳)，挪威的阿贝尔，捷克的波尔查诺，意大利的贝尔特拉米、皮亚诺，荷兰的斯蒂尔杰斯，美国的吉布斯，中国的李善兰

续表

年代		研究水平/主要成果	主要代表人物/学派
近代	19 世纪	实对称矩阵特征值的雅可比方法；发现了四元数；创立了理想数；给出了极限的 ε-δ 说法和级数一致收敛性的概念，同时在幂级数的基础上建立了复变函数论；著《单复变函数的一般理论基础》，给出了单值解析函数的黎曼定义，创立了黎曼面；著《关于几何基础的假设》，创立了 n 维流形的黎曼几何学；完成了《思维规律的研究》，建立了逻辑代数（即布尔代数）；引进了矩阵的概念与运算；给出 ζ 函数的积分表示与它满足的函数方程，提出了黎曼猜想；发现了单侧曲面（麦比乌斯带）；完成了《代数学》以及《几何原本》；建立了组合恒等式（李善兰恒等式）；给出了连续但处处不可微函数的例子；完成了解析数论的经典文献《数论讲义》；建立了关于独立随机变量序列的大数律，使之成为了概率论研究的中心课题；著《论非欧几何学的解释》，在伪球面上实现了第一个非欧几何模型（罗巴切夫斯基几何）；给出了黎曼积分的定义和函数可积的概念；提出了共形映照原理；建立了更广泛的一类非欧几何学（黎曼几何学），并提出了多维拓扑流形的概念；开始建立函数逼近论，利用初等函数来逼近复杂的函数；确立了极限理论中的一致收敛性概念；通过对黎曼面的研究，提出了关于把多值函数看成黎曼面上的单值函数的观点；在解析几何中引进一些新的概念，提出可用直线、平面等作为基本的空间元素；通过在射	

续表

年代		研究水平/主要成果	主要代表人物/学派
近代	19 世纪	影空间中适当地引进度量，从而不用曲面获得了非欧几何模型(双曲几何与椭圆几何)；在三角级数表示的唯一性研究中首次引进了无穷集合的概念，为集合论的发展奠定了基础；发现了李群，并用以讨论微分方程的求积问题；给出了群论的公理结构，开启了对抽象群的研究；数学分析算术化，即以有理数的集合来定义实数；发表了《埃尔朗根纲领》，建立了把各种几何学看作某种变换群的不变量理论的观点，以群论为基础统一几何学；证明 e、π 是超越数；完成了《解析函数论》，把复变函数论建立在幂级数的基础之上；创立了向量分析；完成了《概念语言》，建立了量词理论，给出了第一个严密的逻辑公理体系；创立了微分方程的定性理论；给出了第一个射影几何公理系统；提出了运算微积分；建立了集合论，发展了超穷基数理论；完成了《数论的基础》，使其成为数理逻辑中量词理论的发端；完成了《曲面的一般理论的讲义》，总结了一个世纪以来关于曲线和曲面的微分几何学的成就；建立了运动稳定性理论；创立了自守函数论；提出了同调的概念，开创了代数拓扑学；著《数的几何》，创立了系统的数的几何理论；证明了素数定理；著《算术原理新方法》，提出了自然数公理体系；发表了《连分数的研究》，引进了新的积分(斯蒂尔杰斯积分)；完成了《几何基础》，给出	

续表

年代		研究水平/主要成果	主要代表人物/学派
近代	19世纪	了历史上第一个完备的欧几里得几何公理系统，开创了公理化方法，并预示了数学基础的形式主义观点；著《位置几何学》，创立了用剖分研究流形的方法，为组合拓扑学的发展奠定了基础；提出了最早基于统计概念的计算方法（蒙特卡诺方法的思想）；创立了描述统计学；提出了数学界尚未解决的23个著名的数学问题	
现代	20世纪	严格证明了狄利克莱原理，开创了变分学的直接方法；首次提出了群的表示理论，此后，各种群的表示理论得到了大量研究；基本完成了张量分析，确立了研究黎曼几何和相对论的分析工具；提出了勒贝格测度和勒贝格积分，推广了长度、面积积分的概念；发现了集合论中的"罗素悖论"，引发了第三次数学危机；建立了线性积分方程的基本理论，为建立泛函分析作了准备；总结了古典代数几何学的研究；把由函数组成的无限集合作为研究对象，引入了函数空间的概念，开启了泛函分析，并开始形成希尔伯特空间；开始系统研究多个自变量的复变函数理论；首次提出了马尔可夫链的数学模型；证明了复变函数论的一个基本原理（黎曼共形映照定理）；反对在数学中使用排中律，提出了直观主义数学；建立了点集拓扑学；提出了集合论的公理化系统；解决了数论中著名的华林问题；总结了19世纪末至20世纪初的各种代数系统，如群、	德国的希尔伯特、舒尔、施密特、兰道、比伯巴赫、赫克、弗洛伯纽斯、哈尔托格斯、寇贝、金弗里斯、策麦罗（策梅罗）、施坦尼茨（施泰尼茨）、韦耳（外尔）、豪斯道夫（豪斯多夫）、埃米-诺特、弗伦克尔、卡·施瓦茨西德、亨赛尔（亨泽尔）、纳脱（诺特）、格罗许、寇尼克、法尔廷斯，法国的勒贝格、庞加莱、弗雷歇（弗雷）、弗勒锡、厄·加当（亨·加当、

续表

年代		研究水平/主要成果	主要代表人物/学派
现代	20世纪	代数、域等的研究，开创了现代抽象代数；先后发现了不动点原理、维数定理、单纯形逼近法，使代数拓扑成为系统理论；完成了现代逻辑主义的代表著作《数学原理》，企图把数学归纳到形式逻辑中去；完成了半单纯李代数有限维表示理论，奠定了李群表示理论的基础；通过研究黎曼面，初步产生了复流形的概念；提出了拓扑空间的公理系统，为一般拓扑学的研究建立了基础；把黎曼几何用于广义相对论，解出了球对称的场方程；应用复变函数论方法来研究数论，建立了解析数论；为改进自动电话交换台的设计，提出了排队论的数学理论；建立了希尔伯特空间理论；建立了 P-adic 数论；提出了数学要彻底形式化的主张，创立了数学基础中的形式主义体系和证明论；提出了一般联络的微分几何学，将克莱因和黎曼的几何学观点统一起来，产生了纤维丛概念的思想；提出了偏微分方程的适定性，解决了二阶双曲型方程的柯西问题；提出了更广泛的一类函数空间(巴拿赫空间的理论)；提出了对概率论和泛函分析有一定作用的无限维空间的一种测度(维纳测度)；创立了概周期函数；以生物、医学试验为背景，开创了数理统计的一个分支——试验设计，同时也确立了统计推断的一个基本方法；大体上完成了对近世代数有重大影响的理想理论；建立了关于微	嘉当、亨·嘉当)、阿达玛(阿达马)、赫尔勃兰特、龚贝尔、外耳(贝尔)、布尔巴基学派、韦伊、施瓦尔茨(许瓦茨)、勒雷、托姆、塞尔、孔涅、艾勒斯曼、亚历山大·格罗滕迪克、格洛辛狄克、霍昆亥姆、芒代尔布罗，英国的伯恩塞德、罗素、戈塞特、怀特海、卡·施瓦兹西德、哈台、立笃武特、费希尔、莫德尔、图灵、绍司威尔、罗特、阿希贝、大·杨、罗思、邓济希、亚当斯、阿蒂亚、贝克、康威、霍金、彭罗斯、安德鲁·怀尔斯，瑞典的弗列特荷姆、荷尔蒙特(赫尔曼德)、克拉默尔、卡尔森，匈牙利的里斯、屈尔沙克、

续表

年代		研究水平/主要成果	主要代表人物/学派
现代	20世纪	分方程定性理论的有关动力系统的系统理论;提出了解偏微分方程的差分方法;首次提出了通信中的信息量概念;提出了在工程技术上有一定应用的拟似共形映照理论;建立了格论;提出了自伴算子谱分析理论并应用于量子力学;发现多维流形上的微分型和流形的上同调性质的关系,给拓扑学以分析工具;证明了公理化数学体系的不完备性;发展了马尔可夫过程理论;解决了多元复变函数论的一些基本问题;建立了各态历经的数学理论;建立了递归函数理论(数理逻辑的一个分支,在自动机和算法语言中有重要应用);提出了拓扑群的不变测度概念;提出了概率论的公理化体系;建立了复平面上的傅里叶变式理论;创建了大范围变分学的理论,为微分几何和微分拓扑提供了有效工具;解决了极小曲面的基本问题(普拉多问题),即求通过给定边界而面积为最小的曲面;提出了平稳过程理论;在拓扑学中引入了同伦群,成为代数拓扑和微分拓扑的重要工具;开始研究产品使用寿命和可靠性的数学理论;系统提出了研究图的理论;开始形成现代代数几何学;提出了理想的通用计算机概念,同时建立了算法理论;建立了算子环论;提出了偏微分方程中的泛函分析方法;证明了微分流形的嵌入定理,开创了微分拓扑学;提出了偏微分方程组的分类方法,并得	奥·哈尔(哈尔)、哥尼格、雷尼、爱尔特希,意大利的里齐、赛维里、列维-齐维塔(齐维塔)、乔吉、培·塞格勒,邦别里,俄国的马尔可夫,瑞士的德拉姆、伯奈斯、克拉默,奥地利的阿廷、哥德尔,荷兰的范德凡尔登、布劳威尔,挪威的布龙,丹麦的爱尔兰、哈·波尔,波兰的巴拿哈(巴拿赫)、霍勒维奇(胡雷维奇)、塔尔斯基、爱伦伯克,芬兰的奈望林纳、阿尔福斯,日本的高木贞治、角谷静夫、伊藤清、永田雅宜、小平邦彦、广中平佑,中国的吴文俊、林士谔、廖山涛、冯康、黄鸿慈、华罗庚、

续表

年代		研究水平/主要成果	主要代表人物/学派
现代	20 世纪	出某些基本性质；开始系统研究随机过程的统计理论；完成了《数学原本》丛书，企图从数学公理结构出发，以非常抽象的方式叙述现代数学；证明了连续统假设在集合论公理系中的无矛盾性；提出了求数值解的松弛方法；提出了交换群调和分析的理论；定义了流形上的调和积分，并用于代数流形，成为了研究流形同调性质的分析工具；开始建立马尔可夫过程与随机微分方程的联系；创立了赋范环理论；开始研究随机过程的预测、滤过理论及其在火炮自动控制上的应用，由此创立了统计动力学；提出了求代数方程数字解的林士谔方法；建立了对策论，即博弈论；推广了古典函数概念，创立了广义函数论；建立了代数拓扑和微分几何的联系，推进了整体几何学的发展；建立了现代代数几何学的基础；发展了三角和法研究解析数论；建立了罗伦兹群的表示理论；创立了统计的序贯分析法；《控制论》成书，首次使用"控制论"一词；提出了有关通信的数学理论；总结了非线性微分方程在流体力学方面的应用，并推进了这方面的研究；提出了范畴论，企图将数学统一于某些原理；将泛函分析用于计算数学；发表了《计算机和智力》，提出了机器能思维的观点；提出了统计决策函数的理论；提出了解椭圆形方程的超松弛方法(目前电子计算机上常用的方法)；提出了纤维丛的理论；组合数学得到了迅速发展，并应	陈景润、夏道行，印度的雷・可都利，比利时的德利涅，越南的吴宝珠，美籍荷兰人布劳威尔，美籍德国人爱因斯坦、布饶尔、理・柯朗(库朗)、弗里得里希斯，美籍匈牙利人冯・诺伊曼，美籍华人陈省身、丘成桐，美籍法国人德布勒，美籍罗马尼亚人瓦尔德，美籍比利时人斯坦，美籍奥地利人哥德尔，美籍挪威人塞尔伯格，美国的维尔钦斯基、维布伦、杨格、诺・维纳(维纳)、毕尔霍夫(伯克霍夫)、亚历山大、哈特莱、波斯特、内曼、费勒、丘奇(邱吉)、克林、丕莱、莫尔斯、道格拉斯、莱夫谢茨、贝尔治、

续表

年代		研究水平/主要成果	主要代表人物/学派
现代	20 世纪	用于试验设计、规划理论、网络理论、信息编码等;证明了连续群的解析性定理(即希尔伯特第五问题);提出了优选法,并先后发展出多种求函数极值的方法;建立了同调代数理论;提出了求数值积分的隆姆贝方法;建立了线性偏微分算子的一般理论;提出了解椭圆形或双线型偏微分方程的交替方向法;解决了代数数的有理迫近问题;提出了统筹方法;提出了线性规划的单纯形方法;提出了解双曲型和混合型方程的积分关系法;发现了最优控制的变分原理;创立了动态规划理论;发展了图象识别理论;创立了算法语言(ALGOL);伽罗华域论在编码问题上得到应用,发明了 BCH 码;提出了数字滤波理论,进一步发展了随机过程在制导系统中的应用;建立了非自共轭算子的系统理论;把关于空间中的傅里叶级数-李特尔伍德-佩利理论中的重要算子函数推广到高维空间;证明了庞加莱主猜想一般不成立;用理论解决了 n 维球面上线性独立的向量场的个数问题;证明了阿蒂亚-辛格指标定理;证明了代数学的伯恩塞德猜想;在微分动力系统研究中创立了典范方程组法;创用力迫法,证明了连续统假设对 ZF 系统的独立性;完成了齐性有界域的分类工作;提出了混沌理论;开创了解椭圆形边值问题的有限元法,进而证明了著名的奇点解消定理;提出并证明了萨尔科夫斯基定理;描述了黑洞中的奇	查里斯基、怀特尼(惠特尼)、哥德尔、霍奇、埃克特、莫希莱、埃·瓦尔特、申农(香农)、谢瓦莱、艾伦伯格、丹齐格、麦克莱恩、扬、邓福德、桑·麦克伦、斯丁路特、霍夫曼、马·霍尔、蒙哥马利、纽曼、齐平、基费、杜布、范曼、卡尔德伦、库恩、塔克尔、塞尔伯格、米尔诺、鲁宾逊、朱莉娅-罗宾逊、科恩、辛格、汤普森、菲特、斯梅尔、隆姆贝格、拉斯福特、贝尔曼(费弗曼)、穆尔、博特、斯梅尔、瑟斯顿、帕里斯、哈林顿、罗森伯拉特、儿·玻色、卡尔门(卡尔曼)、库朗、顿弗特、扎德、库利、图基、艾萨克斯、毕晓普、阿佩尔、

续表

年代		研究水平/主要成果	主要代表人物/学派
现代	20 世纪	点问题;开创了模糊数学学科;提出了随机法;证明了微分流形的有理庞特里亚金示性类的拓扑不变性;创立了大筛法;完成了《微分对策论》,奠定了微分对策论的基础;解决了傅里叶级数论中的卢津问题;完成了《区间分析》,第一次系统提出了区间运算理论;提出了丢番图逼近的有效方法;证明的哥德巴赫猜想之命题,是迄今最好的结果;把莱夫谢茨的不动点定理推广到包括椭圆复形的情形,使不动点定理得到广泛应用;完成了《构造性分析》,提出了构造性数学的新方向;发表了论文《微分动力系统》,标志着微分动力系统理论诞生;证明了宇宙大爆炸理论,即宇宙开始于一个黑洞的爆炸;完成了《生物学中的拓扑模型》,首次在奇点分类的基础上提出了一个描述突变现象的数学模型,后来又创立了突变理论;发现了满足罗宾逊猜想的丢番图方程,从而证明了希尔伯特第十问题对一般情形不能判定;在《科学美国人》上发表文章,介绍生命游戏;在算子代数研究中,解决了冯·诺伊曼代数的分类问题;提出了有限单群分类工作方案;发明了 C 语言;开发的以太网(Ethernet)成为局域网中至今仍在广泛使用的技术;创造"蝴蝶效应"一词,用于描述初始条件的改变如何造成结果的巨大变化;证明有限域上的黎曼-韦伊猜想;证明了任何与紧算子可交换的算子都有非平凡的变子空间;提出了分数维	哈肯、奎伦、瑟斯顿、迪亚科尼斯、奥本哈姆、谢弗、约克、李天岩、戈朗斯坦、莱特奇、比尔斯、布朗基、爱德华·洛伦兹、伯努瓦·曼德尔布罗,苏联的卢津、伯恩斯坦、拉甫连捷夫、柯尔莫哥洛夫、格尔丰德、辛钦、索波列夫、彼得洛夫斯基、坎托罗维奇、维诺格拉多夫、诺维科夫、罗蒙诺索夫、马尔古利斯、萨尔科夫斯基、盖尔方特、马季亚谢维奇、苏斯林、哈奇扬、谢·伯恩斯坦、诺依玛克、康脱洛维奇、道洛尼钦、庞特里雅金、克雷因,俄罗斯的沙法列维奇、帕维尔·亚历山德罗夫、旁特里亚金、弗拉基米尔

续表

年代		研究水平/主要成果	主要代表人物/学派
现代	20 世纪	数几何学的思想;得出非退化线性偏微分方程局部可解性的充要条件;创造出"分形"一词,用于描述一种新的嵌套性结构;证明了关于李群的离散子群的塞尔伯格猜想;证明了 n 维紧致流形上存在一个光滑的 $n-1$ 维叶状结构的充要条件是这个流形的欧拉示性数为零;得出首位数为 1 的自然数占全体自然数的比例为 ln2;把微分几何应用于理论物理学,取得了一系列深刻的结果;《数字信号处理》出版,是该领域的一本基础性著作;系统介绍了《超越数理论》;发表了论文《周期 3 蕴含混沌》——萨尔科夫斯基定理的一个特例;证明了微分几何学中的卡拉比猜想;利用计算机辅助证明了"四色定理";证明了塞尔猜想;构造了不可判定的帕里斯-哈林顿命题;提出了初等几何定理机器证明的新方法;用微分几何方法证明了广义相对论的正质量猜想;引入了"半亚正规算子"概念,建立了它的奇异积分模型;提出了线性规划的多项式算法(椭球算法);建立了三维流形的拓扑和几何结构之间的关系;引入了里奇流;引入了瑟斯顿的几何化猜想;证明了莫德尔猜想;证明了比伯巴赫猜想;证明了费马大定理	

续表

<table>
<tr><th colspan="2">年代</th><th>研究水平/主要成果</th><th>主要代表
人物/学派</th></tr>
<tr><td>现代</td><td>21 世纪</td><td>证明了庞加莱猜想和瑟斯顿几何化猜想;证明了郎兰兹纲领的基本引理;在孪生素数猜想方面的研究取得了巨大进展,证明了存在无穷多对质数的间隙都小于 7000 万</td><td>俄罗斯的格里戈里·佩雷尔曼,越南的吴宝珠,美籍华人张益唐</td></tr>
</table>

从数学的发展情况我们可以看到,数学实际上是从需要出发,主要在自身与应用两个方面进行了发展。所谓自身的发展,主要是指在数学的内部结构以及数学研究的内容、变化的趋势等方面的发展。数学应用的发展则是指把数学作为一种工具时,它在解释自然现象、解决实际问题中的发展。二者的发展不是独立的,而是相辅相成的。如在数学应用的发展中,数学不仅能作为工具解决实际问题,而且在解决问题的过程中,还能激起新的发现与探索,从而产生新的成果,这些成果再反过来促进数学自身的发展。而在数学自身的发展过程中,其所取得的成果也可用于解决某一实际问题,从而又促进了数学应用的发展。

此外,在数学的发展过程中,无论是人类对它的认识,还是人类对它的研究水平和所取得的成果,也都经历了极其复杂而且非常深刻的变化过程。

例如,对“数”的认识:在 16 世纪及之前,人类主要把它看作一种具体的、可计数的事物的一种抽象表示,如自然数、分数、小数、有理数、实数等;但现在则把它看作具有某种性质的抽象对象,如数量、向量、张量、矩阵、算子、算符等。对“形”的认识:在 17 世纪之前,人类主要把它看作具体的、有限的空间形式,如三角形、四边形、五边形、四面体、多面体、曲面体等;但现在则把它看作抽象的、无限的空间形式,如欧氏空间、罗氏空间、黎氏空间、射影空间、拓扑空间等。

再例如,在对数学研究的水平和所取得的相关成果上,变化过程如下：

公元前 6 世纪以前的远古人，建立了自然数、整数、分数的概念，创造了一些简单的算法，如四则运算，并把它们推广到分数上，认识了一些简单的几何图形，并会求三角形、正多边形、圆的面积，以及简单的锥、台体的体积，能解简单的一次和二次方程等。虽然已经取得一系列成果，但他们对数学的研究还停留在经验阶段，所掌握的数学知识也很零碎、片断，且缺乏逻辑。这个时期的数学属于经验型数学，即非演绎科学。

到了 16 世纪，情况则大不相同。这时的人们不仅能证明复杂的几何命题，能推导复杂图形的面积、体积公式，而且还确立了最早的几何学的逻辑体系，掌握了实数、虚数的概念以及它们的记法、写法和算法，对二次方程和三次方程、定方程和不定方程、三角函数、圆锥曲线、圆锥曲面等也都有了一定的研究。他们在算术、几何、代数、三角等方面的著作，与现代初等数学中的相关内容相差无几，此时的数学已由经验型数学发展成为理论型数学，并成为了一门独立科学。

再到 19 世纪，这时的人们已建立起了与现代相同或基本相同的数学概念与数学分支，如常量、变量、函数、直角坐标系、平面向量、命题、圆锥曲线、双曲函数、充要条件、斜率、不等式、概率、统计、方差、均值、导数、复数、正弦、余弦、正切、三角函数、排列、组合、古典概率、费马定理、射影几何、三视图、抛物线、随机抽样、数列、通项公式、数学期望、集合、定义域、韦恩图、映射、极限、连续、无穷小、微分、积分、换元积分、洛必达法则、不定积分、无限、离散变量、收敛、无穷级数、泰勒级数、泰勒公式、高阶方程、线性回归、格林公式、单调函数、变限积分、正态分布、线性变换、向量代数、向量积、参数方程、柯西中值定理、行列式、特征值、偏导数、偏微分方程、阶、马尔可夫链、常微分方程、曲面方程、多元微积分、重积分、曲面积分、复合函数、随机分析、极坐标、伯努利方程、大数定律、微分几何、欧拉方程、无穷小变换、齐次线性方程、三角级数、中值定理、变分法、欧氏空间、若尔当标准型、散度定理、本征矢量、正交化、矢量空间、拉普拉斯变换、最小二乘法、高斯公式、斯托克斯定理、实分析、分形、数论、傅里叶级数、罗氏平行公理、非欧几何、非欧几何模型(双曲几何与椭圆几何)、克莱罗方程、代数几何、正交矩阵、黎曼曲面、复变函数、ξ函数、复平面、复分析、调和分析、狄利克雷函数、半纯函数、全纯函数、域论、代数数论、威尔逊定理、量词、逻辑公理体系、拓扑、单侧曲面(莫比乌斯带)、多维拓扑流形、群论、李群、李代数、黎曼几何、抽象代数、逻辑代数、无穷集合、集合论、超越数、向量分析、斯蒂尔杰斯积分、代数拓扑、自然数公理体系、欧几里得几何公理系统、描述统计学等。

进入20世纪,数学的研究水平,可以说是达到了一个巅峰的状态,数学研究工作硕果累累。这时的人们不仅在前人的基础上提出了许多新的概念,如勒贝格测度和勒贝格积分、函数空间、希尔伯特空间、复流形、拓扑群的不变测度、纤维丛、信息量、维纳测度、马尔可夫链的数学模型、控制论等,还提出或建立了许多理论与方法,如群的表示理论、解析数论、希尔伯特空间理论、拟似共形映照理论、格论、递归函数理论、平稳过程理论、算法理论、算子环论、赋范环理论、博弈论、控制论、广义函数论、异调代数理论、统计决策函数理论、纤维丛理论、最优控制的变分原理、动态规划理论、图象识别理论、数字滤波理论、相对论、非自共轭算子的系统理论以及解偏微分方程的差分方法和泛函分析方法、解椭圆形或双线型偏微分方程的交替方向法、统筹法、线性规划、求代数方程数字解的林士谔方法、求数值解的松弛法、序贯分析法、优选法等。特别是出版了《数学原理系列丛书》,企图从数学公理结构出发,以非常抽象的方式叙述现代数学;并对集合论、拓扑空间、概率论进行了公理化。此外,数学的研究也在悄悄发生着变化,即由过去侧重于对计算和测量的研究,转向了对结构、模式、关系和应用的研究。伴随着这些研究,许多新的理论和方法又被不断地发明出来,如人工智能理论、云计算理论、大数据理论、互联网理论、量子论以及相应的方法等。这些理论和方法不仅成为了我们认识自然、改造世界的核心思想和关键工具,而且还有力地支持了我们解决许多非常棘手的问题。

生活在不同地区与国度的人们对于数学发展所做出的贡献以及所形成的人物(学派)也有明显不同。

在公元元年以前,研究数学的人物(学派)主要是来自底格里斯河和幼发拉底河流域的古苏美尔人、古美索不达米亚人、古巴比伦人以及尼罗河、黄河、长江、恒河流域的古埃及人、古印度人和古中国人,巴尔干半岛南部、小亚细亚半岛西部、意大利半岛南部、西西里岛及爱琴海诸岛等地区的古雅典人、古希腊人、古意大利人。其中,来自古希腊的人物和学派最多。这一时期的数学家建立并发展了几何学和算术。其中,泰勒斯和欧几里得所做的贡献最为突出。泰勒斯所提出的数学概念(即定理),成为今天数学大厦的基石。欧几里得所著的《几何原本》,第一次把几何学建立为演绎体系,他所提出的定义、公理、公设一直沿用至今。此外,亚里士多德所建立的形式逻辑、丢番图所著的《算术》,在希腊数学中都独树一帜。这些著作对后来数学发展的影响,仅次于《几何原本》。

公元1—16世纪,研究数学的人物(学派)除了有来自黄河、长江、恒河、尼罗河流域的古中国人、古印度人、古埃及人之外,还增加了来自巴尔干半岛南部、小亚细亚半岛西部、意大利半岛南部、西西里岛及爱琴海诸岛、阿拉伯半岛和中亚细亚、地中海等地区的古希腊人、古阿拉伯人、古意大利人、古英国人、古法国人、古德国人、古捷克和古荷兰人。其中,来自古中国的人最多。这一时期的数学家主要发展了算术、代数、三角,特别是算术。例如,中国西汉时期成书的《周髀算经》《九章算术》,魏晋南北朝时期由刘徽、祖冲之创立的出入相补原理、割圆术,宋元时期由杨辉、秦九韶、李冶、朱世杰创立的元术、正负开方术(高次方程数值求解)、大衍总数术(一次同余式组求解);印度人阿耶波多发明的印度数码(阿拉伯计数法)以及编写的《阿耶波多历数书》;阿拉伯人阿尔·花拉子模(花粒子米)编写的《代数学》;纳西尔丁·图西编写的《三角学》等。这些数学家不仅吸收、融汇、延续了前人的数学成果,还融入了他们自己的创造,展现了他们对常量数学研究的最高成果。

公元17—19世纪,研究数学的人物(学派)主要来自欧洲地区的英国、法国、德国、意大利、瑞士、荷兰、苏格兰、挪威、匈牙利、捷克、荷兰等国家。其中，来自德国的人数最多，其次是法国人和英国人。这一时期的数学家主要建立了变量的概念，并创立了变量数学。其中，笛卡儿创立的坐标几何学，不仅结束了长期以来人为地将代数和几何分割研究的局面，而且还把代数和几何紧密联系在一起，使之成为了一种互相渗透的科学。这一数学史上划时代的创举，不仅开创了数学研究的新纪元，也由此改变了科学发展的历史进程。牛顿和莱布尼茨发明的微积分，不仅解决了许多与运动变化有关的问题，还犹如一座气势恢弘的桥梁，建起了初等数学与高等数学之间的紧密联系，使人类从此有了敢于挑战更加复杂数学问题的勇气，同时还带动了许多学科的发展，如微积分、微分方程、解析几何、微分几何、射影几何、复变函数、概率论、数学分析、数理逻辑、高等代数和数论等，都是在这一时期发展和建立起来的。

从 20 世纪至今，从事数学研究的人物(学派)，除了来自欧洲的英国、法国、德国、瑞士、荷兰、意大利、匈牙利、瑞典、奥地利、丹麦、波兰、芬兰和俄罗斯之外，还有很多人来自日本、中国、美国和印度。其中，来自美国的人最多，他们主要在完善高等数学以及研究以变量为主的抽象数学的工作中做出了突出贡献。例如，康托尔的“集合论”，柯西、魏尔斯特拉斯等人的“数学分析”，希尔伯特的“公理化体系”，高斯、罗巴契夫斯基、波约尔、黎曼的“非欧几何”，伽罗瓦的“抽象代数”，黎曼的“现代微分几何”，以及相应发展起来的数论、拓扑学、随机过程、数理逻辑、组合数学、分形与混沌等，都是这一时期伟大的历史创造。而数学就是在人类对它的认识与创造的过程中，实现了自身与应用的双重发展。

因此，了解数学发展的基本概况，无论是对我们的教育教学来说，还是对我们的专业发展来说，无疑都具有非常重要的意义。因为它不仅可以让我们了解数学中都有哪些知识，而且还可以让我们知道这些知识是如何发生和发展的。例如，人类为什么要采用进位制；为什么要使用十进制数；数学的符号是如何产生的、如何演进的；数系是怎么扩充的；尺规作图不可能问题是怎么解决的；欧几里得的平面几何有一堆命题，可他只确立了5个公理，这意味着什么；神秘强大的苏美尔文明厉害到什么程度；古巴比伦的数学有什么成就；泛函分析的大师是谁；圆锥曲线的发现者是谁；为什么要对集合论、概率论等进行公理化；费马大定理是怎么提出来的；e是如何发现的；是什么原因引发了三次数学危机；如何在伪球面上实现第一个非欧几何模型的建立；相对论、控制论、人工智能、大数据、云计算、量子纠缠、黑洞、暗物质等都是怎么提出来的；世界上第一台模拟人脑的电子计算机，它背后的原理是什么，它能解决什么问题，都解决了什么问题；什么是马尔可夫预测方法；什么是数学史上的五个著名争论；世界数学十大未解难题是什么；数学为什么需要证明；100个最伟大的数学定理都有哪些；概率论的起源和发展是什么；什么是哥尼斯堡七桥问题；什么是斐波那契数列与螺旋线；哥德尔不完备定理是什么；黎曼猜想是什么；费米问题是什么；π是无理数，圆的周长为什么不是无理数；从掷骰子到阿尔法狗都经历了哪些跨越；希尔伯特的第12个数学难题是怎么借助计算机解决的；量子力学和相对论有什么矛盾；为什么飞矢不动；为什么人不能两次踏进同一条河流；数学史上的100个重大发现是什么；我国自明朝以来数学衰落的原因是什么等。特别重要的是，它还让我们知道了如何基于人们对数学的认识，以及如何从数学的公理化、教学的逻辑等多个角度出发，去看待和解决我们在教育教学中所遇到的一些数学问题。这些问题包括如何遵循历史发生原理，如何遵循认知发展规律，如何遵循思维发展规律，以及如何遵循教育教学原则与要求，等等。

3 高中数学的内容有哪些

目前，我国的基本教育主要分为以下几个阶段，即学前教育、初等教育、中等教育和高等教育等。不同阶段的教育规定有不同的学习内容。其中，高中数学的学习内容主要由高中数学的教学大纲或课程标准来决定。高中数学学习内容的修订，也主要是根据高中数学的教学大纲或课程标准来确定。例如，根据2003年版普通高中数学课程标准编制的2004年版人教B版《普通高中课程标准实验教科书·数学》(以下简称2004B版)把高中数学的学习内容划分为5个系列，分别为A、B、C、D、E系列。其中，A系列为必修内容，B、C、D、E系列为选修内容。此外，A系列还被进一步划分成A_1、A_2、A_3、A_4、A_5 5个模块，B系列还被进一步划分成B_1、B_2 2个模块，C系列还被进一步划分成C_1、C_2、C_3 3个模块，D系列还被进一步划分成D_1、D_2、D_3、D_4、D_5、D_6 6个专题，E系列还被进一步划分成E_1、E_2、E_3、E_4、E_5、E_6、E_7、E_8、E_9、E_{10} 10个专题。根据2017年版普通高中数学课程标准编制的2019年版人教B版《普通高中课程标准实验教科书·数学》(以下简称2019B版)则把高中数学的学习内容划分为3个系列，分别为A、B、C系列，其中，A系列为必修内容，B、C系列为选修内容。此外，A系列还被进一步划分成A_1、A_2、A_3、A_4 4个模块，B系列被进一步划分成B_1、B_2、B_3 3个模块，C系列被进一步划分成C_1、C_2、C_3、C_4、C_5 5个模块。下面选取了高中数学2004B版和2019B版的部分教材目录进行探讨。

3.1 2004B版的高中数学学习内容

A_1:必修1——集合,函数,基本初等函数(Ⅰ)

第一章 集合

1.1 集合与集合的表示方法

1.1.1 集合的概念

1.1.2 集合的表示方法

1.2 集合之间的关系和运算

1.2.1 集合之间的关系

1.2.2 集合的运算

第二章 函数

2.1 函数

2.1.1 函数

2.1.2 函数的表示法

2.1.3 函数的单调性

2.1.4 函数的奇偶性

2.1.5 用计算机作函数的图象(选学)

2.2 一次函数和二次函数

2.2.1 一次函数的性质与图象

2.2.2 二次函数的性质与图象

2.2.3 待定系数法

2.3 函数的应用(Ⅰ)

2.4 函数与方程

2.4.1 函数的零点

2.4.2 求函数零点近似解的一种计算方法——二分法

阅读与欣赏:函数概念的形成与发展

第三章　基本初等函数(Ⅰ)

3.1　指数与指数函数

3.1.1　实数指数幂及其运算

3.1.2　指数函数

3.2　对数与对数函数

3.2.1　对数及其运算

3.2.2　对数函数

3.2.3　指数函数与对数函数的关系

3.3　幂函数

3.4　函数的应用(Ⅱ)

阅读与欣赏:对数的发明　对数的功绩

A_2:必修 2——立体几何初步,平面解析几何初步

第一章　立体几何初步

1.1　空间几何体

1.1.1　构成空间几何体的基本元素

1.1.2　棱柱、棱锥和棱台的结构特征

1.1.3　圆柱、圆锥、圆台和球

1.1.4　投影与直观图

1.1.5　三视图

1.1.6　棱柱、棱锥、棱台和球的表面积

1.1.7　柱、锥、台和球的体积

1.2　点、线、面之间的位置关系

1.2.1　平面的基本性质与推论

1.2.2　空间中的平行关系

1.2.3　空间中的垂直关系

阅读与欣赏:散发着数学芳香的碑文

第二章　平面解析几何初步

2.1　平面直角坐标系中的基本公式

2.1.1　数轴上的基本公式

2.1.2 平面直角坐标系中的基本公式
2.2 直线的方程
2.2.1 直线方程的概念与直线的斜率
2.2.2 直线方程的几种形式
2.2.3 两条直线的位置关系
2.2.4 点到直线的距离
2.3 圆的方程
2.3.1 圆的标准方程
2.3.2 圆的一般方程
2.3.3 直线与圆的位置关系
2.3.4 圆与圆的位置关系
2.4 空间直角坐标系
2.4.1 空间直角坐标系
2.4.2 空间两点的距离公式
阅读与欣赏:笛卡儿

A_3:必修 3——算法初步,统计,概率

第一章 算法初步
1.1 算法与程序框图
1.1.1 算法的概念
1.1.2 程序框图
1.1.3 算法的三种基本逻辑结构和框图表示
1.2 基本算法语句
1.2.1 赋值、输入和输出语句
1.2.2 条件语句
1.2.3 循环语句
1.3 中国古代数学中的算法案例
阅读与欣赏:中国古代数学家秦九韶 东方数学的使命
第二章 统计
2.1 随机抽样

A_4:必修 4——基本初等函数(Ⅱ),平面向量,三角恒等变换

1.1.2 弧度制和弧度制与角度制的换算
1.2 任意角的三角函数
1.2.1 三角函数的定义
1.2.2 单位圆与三角函数线
1.2.3 同角三角函数的基本关系式
1.2.4 诱导公式
1.3 三角函数的图象与性质
1.3.1 正弦函数的图象与性质
1.3.2 余弦函数、正切函数的图象与性质
1.3.3 已知三角函数值求角
数学建模活动
阅读与欣赏:三角学的发展
第二章 平面向量
2.1 向量的线性运算
2.1.1 向量的概念
2.1.2 向量的加法
2.1.3 向量的减法
2.1.4 数乘向量
2.1.5 向量共线的条件与轴上向量坐标运算
2.2 向量的分解与向量的坐标运算
2.2.1 平面向量基本定理
2.2.2 向量的正交分解与向量的直角坐标运算
2.2.3 用平面向量坐标表示向量共线条件
2.3 平面向量的数量积
2.3.1 向量数量积的物理背景与定义
2.3.2 向量数量积的运算律
2.3.3 向量数量积的坐标运算与度量公式
2.4 向量的应用
2.4.1 向量在几何中的应用
2.4.2 向量在物理中的应用

阅读与欣赏:向量概念的推广与应用

第三章　三角恒等变换

3.1　和角公式

3.1.1　两角和与差的余弦

3.1.2　两角和与差的正弦

3.1.3　两角和与差的正切

3.2　倍角公式和半角公式

3.2.1　倍角公式

3.2.2　半角的正弦、余弦和正切

3.3　三角函数的积化和差与和差化积

阅读与欣赏:和角公式与旋转对称

A_5:必修 5——解三角形,数列,不等式

第一章　解三角形

1.1　正弦定理和余弦定理

1.1.1　正弦定理

1.1.2　余弦定理

1.2　应用举例

阅读与欣赏:亚历山大时期的三角测量

第二章　数列

2.1　数列

2.1.1　数列

2.1.2　数列的递推公式(选学)

2.2　等差数列

2.2.1　等差数列

2.2.2　等差数列前 n 项和

2.3　等比数列

2.3.1　等比数列

2.3.2　等比数列前 n 项和

阅读与欣赏:级数趣题　无穷与悖论

第三章　不等式
3.1　不等关系与不等式
3.1.1　不等关系
3.1.2　不等式的性质
3.2　均值不等式
3.3　一元二次不等式及其解法
3.4　不等式的实际应用
3.5　二元一次不等式(组)与简单的线性规划问题
3.5.1　二元一次不等式(组)所表示的平面区域
3.5.2　简单的线性规划

B_1:选修 1-1——常用逻辑用语,圆锥曲线与方程,导数及其应用

第一章　常用逻辑用语
1.1　命题与量词
1.1.1　命题
1.1.2　量词
1.2　基本逻辑联结词
1.2.1　“且”与“或”
1.2.2　“非”(否定)
1.3　充分条件、必要条件与命题的四种形式
1.3.1　推出与充分条件、必要条件
1.3.2　命题的四种形式
阅读与欣赏:什么是数理逻辑
第二章　圆锥曲线与方程
2.1　椭圆
2.1.1　椭圆及其标准方程
2.1.2　椭圆的几何性质
2.2　双曲线
2.2.1　双曲线及其标准方程
2.2.2　双曲线的几何性质

2.3 抛物线

2.3.1 抛物线及其标准方程

2.3.2 抛物线的几何性质

阅读与欣赏:圆锥面与圆锥曲线

第三章 导数及其应用

3.1 导数

3.1.1 函数的平均变化率

3.1.2 瞬时速度与导数

3.1.3 导数的几何意义

3.2 导数的运算

3.2.1 常数与幂函数的导数

3.2.2 导数公式表

3.2.3 导数的四则运算法则

3.3 导数的应用

3.3.1 利用导数判断函数的单调性

3.3.2 利用导数研究函数的极值

3.3.3 导数的实际应用

阅读与欣赏:微积分与极限思想

B_2:选修 1-2——统计案例,推理与证明,数系的扩充与复数的引入,框图

第一章 统计案例

1.1 独立性检验

1.2 回归分析

阅读与欣赏:“回归”一词的由来

第二章 推理与证明

2.1 合情推理与演绎推理

2.1.1 合情推理

2.1.2 演绎推理

2.2 直接证明与间接证明

2.2.1 综合法与分析法

2.2.2 反证法

阅读与欣赏:《原本》与公理化体系 数学证明的机械化——机器证明

第三章 数系的扩充与复数的引入

3.1 数系的扩充和复数的引入

3.1.1 实数系

3.1.2 复数的引入

3.2 复数的运算

3.2.1 复数的加法和减法

3.2.2 复数的乘法和除法

阅读与欣赏:复平面与高斯

第四章 框图

4.1 流程图

4.2 结构图

阅读与欣赏:冯·诺伊曼

C_1:选修 2-1——常用逻辑用语,圆锥曲线与方程,空间向量与立体几何

第一章 常用逻辑用语

1.1 命题与量词

1.1.1 命题

1.1.2 量词

1.2 基本逻辑联结词

1.2.1 “且”与“或”

1.2.2 “非”(否定)

1.3 充分条件、必要条件与命题的四种形式

1.3.1 推出与充分条件、必要条件

1.3.2 命题的四种形式

阅读与欣赏:什么是数理逻辑

C_2:选修 2-2——导数及其应用,推理与证明,数系的扩充与复数的引入

第一章　导数及其应用
　　1.1　导数
　　　1.1.1　函数的平均变化率
　　　1.1.2　瞬时速度与导数
　　　1.1.3　导数的几何意义
　　1.2　导数的运算
　　　1.2.1　常数函数与幂函数的导数
　　　1.2.2　导数公式表及数学软件的应用
　　　1.2.3　导数的四则运算法则
　　1.3　导数的应用
　　　1.3.1　利用导数判断函数的单调性
　　　1.3.2　利用导数研究函数的极值
　　　1.3.3　导数的实际应用
　　1.4　定积分与微积分基本定理
　　　1.4.1　曲边梯形面积与定积分
　　　1.4.2　微积分基本定理
　　　阅读与欣赏:微积分与极限思想
第二章　推理与证明
　　2.1　合情推理与演绎推理
　　　2.1.1　合情推理
　　　2.1.2　演绎推理
　　2.2　直接证明与间接证明
　　　2.2.1　综合法和分析法
　　　2.2.2　反证法
　　2.3　数学归纳法
　　　2.3.1　数学归纳法
　　　2.3.2　数学归纳法应用举例

C_3:选修 2-3——计数原理,概率,统计案例

2.2.2 事件的独立性

2.2.3 独立重复试验与二项分布

2.3 随机变量的数字特征

2.3.1 离散型随机变量的数学期望

2.3.2 离散型随机变量的方差

2.4 正态分布

阅读与欣赏:关于“玛丽莲问题”的争论

第三章 统计案例

3.1 独立性检验

3.2 回归分析

阅读与欣赏:“回归”一词的由来

E_1:选修 4-1《几何证明选讲》

第一章 相似三角形定理与圆幂定理

1.1 相似三角形

1.1.1 相似三角形判定定理

1.1.2 相似三角形的性质

1.1.3 平行截割定理

1.1.4 锐角三角函数与射影定理

1.2 圆周角与弦切角

1.2.1 圆的切线

1.2.2 圆周角定理

1.2.3 弦切角定理

1.3 圆幂定理与圆内接四边形

1.3.1 圆幂定理

1.3.2 圆内接四边形的性质与判定

阅读与欣赏:欧几里得

第二章 圆柱、圆锥与圆锥曲线

2.1 平行投影与圆柱面的平面截线

2.1.1 平行投影的性质

2.1.2 圆柱面的平面截线

2.2 用内切球探索圆锥曲线的性质

2.2.1 球的切线与切平面

2.2.2 圆柱面的内切球与圆柱面的平面截线

2.2.3 圆锥面及其内切球

2.2.4 圆锥曲线的统一定义

阅读与欣赏:吉米拉·丹迪林

E_4:选修 4-4《坐标系与参数方程》

第一章 坐标系

1.1 直角坐标系,平面上的伸缩变换

1.1.1 直角坐标系

1.1.2 平面上的伸缩变换

1.2 极坐标系

1.2.1 平面上点的极坐标

1.2.2 极坐标与直角坐标的关系

1.3 曲线的极坐标方程

1.4 圆的极坐标方程

1.4.1 圆心在极轴上且过极点的圆

1.4.2 圆心在点$(a,\frac{\pi}{2})$处且过极点的圆

探索与研究:圆锥曲线的极坐标方程

1.5 柱坐标系和球坐标系

1.5.1 柱坐标系

1.5.2 球坐标系

阅读与欣赏:常见曲线的极坐标方程(阿基米德螺线,心形线,双纽线)

第二章 参数方程

2.1 曲线的参数方程

2.1.1 抛射体的运动

2.1.2 曲线的参数方程
2.2 直线和圆的参数方程
2.2.1 直线的参数方程
2.2.2 圆的参数方程
2.3 圆锥曲线的参数方程
2.3.1 椭圆的参数方程
2.3.2 双曲线的参数方程
2.3.3 抛物线的参数方程
2.4 一些常见曲线的参数方程
2.4.1 摆线的参数方程
2.4.2 圆的渐开线的参数方程
阅读与欣赏:星形线和内摆线,变幅摆线,心形线和外摆线,贝努利兄弟

3.2 2019B 版的高中数学学习内容

A_1:必修第一册——集合与常用逻辑用语,等式与不等式,函数

第一章 集合与常用逻辑用语
1.1 集合
1.1.1 集合及其表示方法
1.1.2 集合的基本关系
1.1.3 集合的基本运算
1.2 常用逻辑用语
1.2.1 命题与量词
1.2.2 全称量词命题与存在量词命题的否定
1.2.3 充分条件、必要条件
第二章 等式与不等式
2.1 等式
2.1.1 等式的性质与方程的解集

A_2:必修第二册——指数函数、对数函数与幂函数,统计与概率,平面向量初步

第五章 统计与概率
5.1 统计
5.1.1 数据的收集
5.1.2 数据的数字特征
5.1.3 数据的直观表示
5.1.4 用样本估计总体
5.2 数学探究活动:由编号样本估计总数及其模拟
5.3 概率
5.3.1 样本空间与事件
5.3.2 事件之间的关系与运算
5.3.3 古典概型
5.3.4 频率与概率
5.3.5 随机事件的独立性
5.4 统计与概率的应用
第六章 平面向量初步
6.1 平面向量及其线性运算
6.1.1 向量的概念
6.1.2 向量的加法
6.1.3 向量的减法
6.1.4 数乘向量
6.1.5 向量的线性运算
6.2 向量基本定理与向量的坐标
6.2.1 向量基本定理
6.2.2 直线上向量的坐标及其运算
6.2.3 平面向量的坐标及其运算
6.3 平面向量线性运算的应用

A_3:必修第三册——三角函数,向量的数量积与解三角恒等变换

第七章 三角函数
7.1 任意角的概念与弧度制
7.1.1 角的推广

7.1.2　弧度制及其与角度制的换算

7.2　任意角的三角函数

7.2.1　三角函数的定义

7.2.2　单位圆与三角函数线

7.2.3　同角三角函数的基本关系式

7.2.4　诱导公式

7.3　三角函数的性质与图象

7.3.1　正弦函数的性质与图象

7.3.2　正弦型函数的性质与图象

7.3.3　余弦函数的性质与图象

7.3.4　正切函数的性质与图象

7.3.5　已知三角函数值求角

7.4　数学建模活动:周期现象的描述

第八章　向量的数量积与三角恒等变换

8.1　向量的数量积

8.1.1　向量数量积的概念

8.1.2　向量数量积的运算律

8.1.3　向量数量积的坐标运算

8.2　三角恒等变换

8.2.1　两角和与差的余弦

8.2.2　两角和与差的正弦、正切

8.2.3　倍角公式

8.2.4　三角恒等变换的应用

A_4:必修第四册——解三角形,复数,立体几何初步

第九章　解三角形

9.1　正弦定理与余弦定理

9.1.1　正弦定理

9.1.2　余弦定理

9.2　正弦定理与余弦定理的应用

9.3 数学探究活动:得到不可达两点之间的距离

第十章 复数

10.1 复数及其几何意义

10.1.1 复数的概念

10.1.2 复数的几何意义

10.2 复数的运算

10.2.1 复数的加法与减法

10.2.2 复数的乘法与除法

*10.3 复数的三角形式及其运算

第十一章 立体几何初步

11.1 空间几何体

11.1.1 空间几何体与斜二测画法

11.1.2 构成空间几何体的基本元素

11.1.3 多面体与棱柱

11.1.4 棱锥与棱台

11.1.5 旋转体

11.1.6 祖暅原理与几何体的体积

11.2 平面的基本事实与推论

11.3 空间中的平行关系

11.3.1 平行直线与异面直线

11.3.2 直线与平面平行

11.3.3 平面与平面平行

11.4 空间中的垂直关系

11.4.1 直线与平面垂直

11.4.2 平面与平面垂直

B_1:选择性必修第一册——空间向量与立体几何,平面解析几何

第一章 空间向量与立体几何

1.1 空间向量及其运算

1.1.1 空间向量及其运算

B_2:选择性必修第二册——排列、组合与二项式定理,概率与统计

第三章 排列、组合与二项式定理

3.1 排列与组合

3.1.1 基本计数原理

3.1.2 排列与排列数

3.1.3 组合与组合数

3.2 数学探究活动:生日悖论的解释与模拟

3.3 二项式定理与杨辉三角

第四章 概率与统计

4.1 条件概率与事件的独立性

4.1.1 条件概率

4.1.2 乘法公式与全概率公式

4.1.3 独立性与条件概率的关系

4.2 随机变量

4.2.1 随机变量及其与事件的联系

4.2.2 离散型随机变量的分布列

4.2.3 二项分布与超几何分布

4.2.4 随机变量的数字特征

4.2.5 正态分布

4.3 统计模型

4.3.1 一元线性回归模型

4.3.2 独立性检验

4.4 数学探究活动:了解高考选考科目的确定是否与性别有关

B_3:选择性必修第三册——数列,导数及其应用

第五章 数列

5.1 数列基础

5.1.1 数列的概念

5.1.2 数列中的递推

5.2 等差数列

5.2.1 等差数列

5.2.2 等差数列的前 n 项和

5.3 等比数列

5.3.1 等比数列

5.3.2 等比数列的前 n 项和

5.4 数列的应用

5.5 数学归纳法

第六章 导数及其应用

6.1 导数

6.1.1 函数的平均变化率

6.1.2 导数及其几何意义

6.1.3 基本初等函数的导数

6.1.4 求导法则及其应用

6.2 利用导数研究函数的性质

6.2.1 导数与函数的单调性

6.2.2 导数与函数的极值、最值

6.3 利用导数解决实际问题

6.4 数学建模活动:描述体重与脉搏率的关系

由此可见,我国高中数学的学习内容,随着时代的发展也在进行着相应的调整。但是,对于传统内容的调整力度并不大。

首先,从知识体系上来看。2019B 版显然完全沿用了 2004B 版的设计思路,它把知识体系也设计成了模块的形式。不同的是,2019B 版把 2004B 版的 5 个系列缩减到 3 个系列,把 2004B 版的 10 个模块、16 个专题,增加到 12 个模块,但它并没有设立专题(见表 3-1)。

表 3-1 2004B、2019B 版知识体系对比

	2004B 版			2019B 版		
必修	A 系列	模块	A_1:集合,函数,基本初等函数(Ⅰ)	A 系列	模块	A_1:集合与常用逻辑用语,等式与不等式,函数
			A_2:立体几何初步,平面解析几何初步			A_2:指数函数,对数函数与幂函数,统计与概率,平面向量初步
			A_3:算法初步,统计,概率			A_3:三角函数,向量的数量积与解三角恒等变换
			A_4:基本初等函数(Ⅱ),平面向量,三角恒等变换			A_4:解三角形,复数,立体几何初步
			A_5:解三角形,数列,不等式			—
选修	B 系列	模块	B_1:常用逻辑用语,圆锥曲线与方程,导数及其应用	B 系列	模块	B_1:空间向量与立体几何,平面解析几何
			B_2:统计案例,推理与证明,数系的扩充与复数的引入,框图			B_2:排列、组合与二项式定理,概率与统计
	C 系列	模块	C_1:常用逻辑用语,圆锥曲线与方程,空间向量与立体几何			B_3:数列,导数及其应用
			C_2:导数及其应用,推理与证明,数系的扩充与复数的引入			—
			C_3:计数原理,概率,统计案例			—

续表

<table>
<tr><td></td><td colspan="3">2004B 版</td><td colspan="3">2019B 版</td></tr>
<tr><td rowspan="5">选修</td><td rowspan="3">D 系列</td><td rowspan="3">专题</td><td rowspan="3">D_1:数学史选讲;
D_2:信息安全与密码;
D_3:球面上的几何;
D_4:对称与群;
D_5:欧拉公式与闭曲面分类;
D_6:三等分角与数域扩充</td><td rowspan="5">C 系列</td><td rowspan="5">模块</td><td>C_1:微积分,空间几何与代数,统计与概率</td></tr>
<tr><td>C_2:微积分,空间向量与代数,应用统计,模型</td></tr>
<tr><td>C_3:逻辑推理初步,数学模型,社会调查与数据分析</td></tr>
<tr><td rowspan="2">E 系列</td><td rowspan="2">专题</td><td rowspan="2">E_1:几何证明选讲;
E_2:矩阵与变换;
E_3:数列与差分;
E_4:坐标系与参数方程;
E_5:不等式选讲;
E_6:初等数论初步;
E_7:优选法与试验设计初步;
E_8:统筹法与图论初步;
E_9:风险与决策;
E_{10}:开关电路与布尔代数</td><td>C_4:美与数学,音乐中的数学,美术中的数学,体育运动中的数学</td></tr>
<tr><td>C_5:拓展类(如机器人与数学、对称与群、球面上的几何、欧拉公式与闭曲面分类、数列与差分、初等数论初步),日常生活类(如生活中的数学、家庭理财与数学),地方特色类(如地方建筑与数学、家乡经济发展的社会调查与数据分析),大学数学的先修类(如微积分、解析几何与线性代数、概率论与数理统计)</td></tr>
</table>

其次,从课程框架上来看。2019B 版采用的设计模式,与 2004B 版一致,也把课程框架设计成必修和选修两部分。2004B 版把这两部分进一步分解成高考必考、高考选考和高考非考三个部分。所不同的是,2019B 版把 2004B 版的三个必考部分压缩成两个必考部分,

且取消了选考部分。非考部分的模块个数与 2004B 版的模块个数一样,也设置了一个(见图 3-1)。

2004B 版课程框架

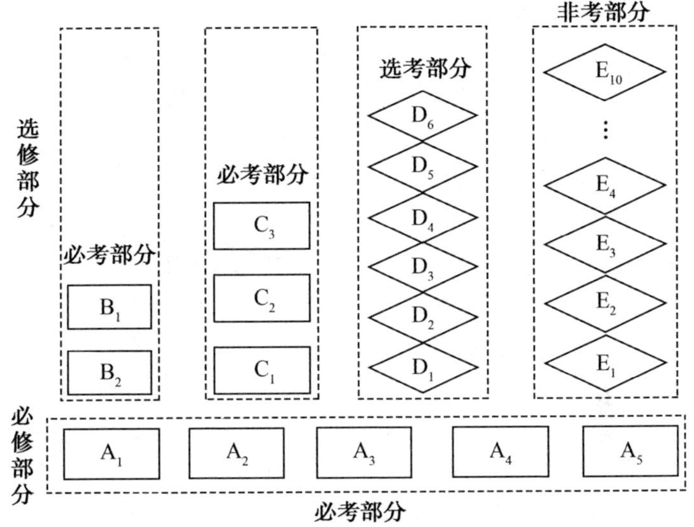

2019B 版课程框架

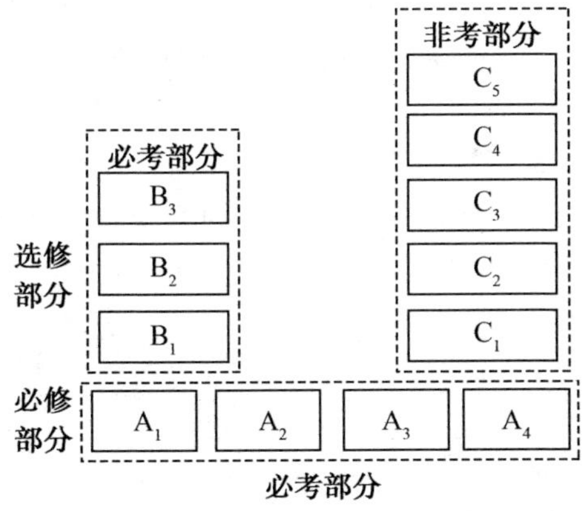

图 3-1 2004B 版和 2019B 版课程框架对比

再次,从内容设置上来看。虽然 2019B 版在 2004B 版内容的基础上进行了一定的调整，但对 2004B 版内容的调整力度并不大。其中，2019B 版增加了一些拓展内容，如微积分、空间几何与代数、逻辑推理初步、数学模型、概率论与数理统计等。同时，减少了一部分内容，主要是 2004B 版中陈旧、过时的，以及与其他学科有所重叠，或在后续学习的模块中有所体现的内容，如映射、三视图、算法初步、系统抽样、二元一次不等式(组)、简单线性规划、命题及其关系(原命题、逆命题、否命题、逆否命题)、简单的逻辑联结词(或、且、非)、推理与证明(反证法、数学归纳法)等。但在内容的安排上，2019B 版对 2004B 版内容的调整力度很大，不仅调整了 2004B 版的必修和选修内容，也调整了 2004B 版的同一板块与不同板块的内容、前置与后置的内容。例如，平面解析几何初步原是 2004B 版中的必修内容，现被安排到 2019B 版的选修内容中；数系的扩充与复数的引入原是 2004B 版中的选修内容，现被安排到 2019B 版的必修内容中。再例如，平面解析几何初步、圆锥曲线与方程原是 2004B 版中不同模块的内容，现被调整到 2019B 版的同一模块中；平面向量原是 2004B 版的同一模块内容，现被调整到 2019B 版的不同模块中。不等式原是 2004B 版必修系列中的后置内容，现被调整到 2019B 版必修系列的前置内容中；数列原是 2004B 版必修系列中的后置内容，现被调整到 2019B 版的选择性必修的后置内容中。

具体为：2019B 版的 A 系列是在 2004B 版的 A 系列的基础上，把 2004B 版的 A 系列 A_5 中的不等式[不含二元一次不等式(组)、简单的线性规划]，B、C 系列 B_1 和 C_1 中的常用逻辑用语分别移入它的 A_1 中，把 C 系列 C_3 中的事件的独立性移入它的 A_2 中，B、C 系列 B_2 和 C_2 中的数系的扩充与复数的引入移入它的 A_4 中，把 2004B 版 A 系列 A_2 中的平面解析几何初步(直线与直线方程、圆与圆的方程、空间直角坐标系)、A_3 中的变量的相关性、A_5 中的数列移出，把 2004B 版的 A 系列 A_1 中的映射，A_2 中的三视图，A_3 中的算法初步和系统抽样，A_5 中的二元一次不等式(组)、简单线性规划，B_1 和 C_1 中的命题及其关系(原命题、逆命题、否命题、逆否命题)、A_1 的简单的逻辑联结词(或、且、非)删除，同时又在它的 A_1 中增加了充分条件与判定定理、必要条件与性质定理、充要条件与数学定义的关系、等式(等式的性质与方程的解集,一元二次方程的解集及其根与系数的关系,方程组的解集),A_2 中增加了柱形图、折线图、扇形图、雷达图、最值、百分位数、众数、误差、大数据、用样本估计百分位数,A_4 中增加了复数的三角形式及其运算。2019B 版的 B 系列是在 2004B 版的 B、C 系列的基础上,把 2004B 版的 A 系列 A_2 中的平面解析几何初步(直线与直线方程、圆与圆的方程、空间直角坐标系)、C 系列 C_1 中的空间向量与立体几何分别移入它的 B_1 中,把 A 系列 A_3 中的变量的相关性,B 系列 B_2 中的统计案例,C 系列 C_3 中的计数原理、统计和概率分别移入它的 B_2 中,把 A 系列 A_5 中的数列,C、E 系列 C_2 和 E_5 中的数学归纳法分别移入它的 B_3 中,把 2004B 版的 B、C 系列 B_1 和 C_1 中的常用逻辑用语,B_2 和 C_2 中的数系的扩充与复数的引入和反证法,C_2 中的定积分与微积分移出,把 2004B 版的 B、C 系列 B_1 和 C_1 中的命题及其关系(原命题、逆命题、否命题、逆否命题)、简单的逻辑联结词(或、且、非),B_2 和 C_2 中的推理与证明(反证法和数学归纳法保留),B_2 中的框图删除,同时又在它的 B_2 中增加了全概率公式、贝叶斯公式(选学)、相关系数与向量夹角的关系(拓展)后得到的。2019B 版的 C 系列是在 2004B 版的 D、E 系列的基础上,把 2004B 版的 C 系列 C_2 中的定积分与微积分,C_3 中的聚类分析、假设检验,B、C 系列 B_2 和 C_2 中的反证法,分别移入它的 C_1 和 C_2、C_2 以及 C_3 中,把 2004B 版的 D 系列中的 D_1——数学史选讲、D_2——信息安全与密码、D_6——三等分角与数域扩充,E 系列中的 E_1——几何证明选讲、E_2——矩阵与变换、E_4——坐标系与参数方程、E_5——不等式选讲、E_7——优选法与试验设计初步、E_8——统筹法与图论初步、E_9——风险与决策、E_{10}——开关电路与布尔代数删除,同时又在它的 C_1、C_2、C_3、C_4、C_5 中分别增加了微积分、空间几何与代数、统计与概率,微积分、空间向量与代数、应用统计、模型,逻辑推理初步、数学模型、社会调查与数据分析,美与数学、音乐中的数学、美术中的数学、体育运动中的数学,拓展类(如机器人与数学)、日常生活类(如生活中的数学、家庭理财与数学)、地方特色类

（如地方建筑与数学、家乡经济发展的社会调查与数据分析）、大学数学的先修类（如微积分、解析几何与线性代数、概率论与数理统计）。

最后，从对内容的要求上来看。在对大多数知识点的要求上，2019B 版与 2004B 版相比，没有什么变化，有变化的仅是对个别内容的要求。例如，同样是常用逻辑用语中的充分条件、必要条件、充要条件，一元函数导数及其应用中的导数运算等内容，2019B 版就比 2004B 版提高了教学要求。而同样是函数的值域、超几何分布等内容，2019B 版就比 2004B 版降低了学习要求，如表 3-2 所示。

表 3-2　2004B、2019B 版部分内容要求对比①②

变化的内容		2004B 版的要求	2019B 版的要求	要求的变化情况
常用逻辑用语	充分条件、必要条件、充要条件	理解必要条件、充分条件与充要条件的意义	通过对典型数学命题的梳理，理解充分条件、必要条件、充要条件的意义，理解充分条件与判定定理的关系、必要条件与性质定理的关系、充要条件与数学定义的关系，体会数学的重要研究对象可以从不同角度加以描述	提高了对必要条件、充分条件、充要条件的学习要求

① 中华人民共和国教育部.普通高中数学课程标准（实验）[S].北京：人民教育出版社，2003.

② 中华人民共和国教育部.普通高中数学课程标准（2017 年版）[S].北京：人民教育出版社，2018.

续表

变化的内容		2004B版的要求	2019B版的要求	要求的变化情况
函数	函数概念	通过丰富实例，进一步体会函数是描述变量之间的依赖关系的重要数学模型，在此基础上学习用集合与对应的语言来刻画函数，体会对应关系在刻画函数概念中的作用，了解构成函数的要素，会求一些简单函数的定义域和值域，了解映射的概念	在初中用变量之间的依赖关系描述函数的基础上，用集合语言与对应关系刻画函数，建立完整的函数概念，体会集合语言和对应关系在刻画函数概念中的作用，了解构成函数的要素，会求一些简单函数的定义域	降低了求函数的值域，以及了解映射概念的要求
三角函数	三角恒等变换	经历用向量的数量积推导出两角差的余弦公式的过程，进一步体会向量方法的作用	经历推导两角差的余弦公式的过程，知道两角差的余弦公式的意义	降低了对推导两角差的余弦公式的要求
空间向量与立体几何	空间向量及其运算	经历向量及其运算由平面向空间推广的过程，了解空间向量的概念等	经历由平面向量推广到空间向量的过程，经历由平面向量的运算和运算规则推广到空间向量的运算和运算规则的过程	提高了对平面向量与空间向量关系的学习要求

续表

变化的内容		2004B 版的要求	2019B 版的要求	要求的变化情况
一元函数导数及其应用	导数运算	能根据导数定义，求函数 $y=c$，$y=x$，$y=x^2$，$y=\frac{1}{x}$ 的导数。能利用给出的基本初等函数的导数公式和导数的四则运算法则求简单函数的导数	能根据导数定义，求函数 $y=c$，$y=x$，$y=x^2$，$y=x^3$，$y=\frac{1}{x}$，$y=\sqrt{x}$ 的导数。能利用给出的基本初等函数的导数公式和导数的四则运算法则，求简单函数的导数，能求简单的复合函数（形如 $f(ax+b)$ 的导数）	提高了对函数的求导要求
计数原理	排列与组合	通过实例，理解排列、组合的概念，能利用计数原理推导排列数公式、组合数公式，并能解决简单的实际问题	通过实例，理解排列、组合的概念，能利用计数原理推导排列数公式、组合数公式	降低了用排列、组合公式解决简单的实际问题的要求

续表

<table>
<tr><th colspan="2">变化的内容</th><th>2004B 版的要求</th><th>2019B 版的要求</th><th>要求的变化情况</th></tr>
<tr><td rowspan="3">概率</td><td>随机事件的条件概率</td><td rowspan="3">①在对具体问题的分析中,理解取有限值的离散型随机变量及其分布列的概念,认识分布列对于刻画随机现象的重要性。
②通过实例(如彩票抽奖),理解超几何分布及其导出过程,并能进行简单的应用。
③在具体情境中,了解条件概率和两个事件相互独立的概念,理解 n 次独立重复试验的模型及二项分布,并能解决一些简单的实际问题。
④通过实例,理解取有限值的离散型随机变量均值、方差的概念,能计算简单离散型随机变量的均值、方差,并能解决一些实际问题。
⑤通过实际问题,借助直观(如实际问题的直方图),认识正态分布曲线的特点及曲线所表示的意义</td><td>结合古典概型,了解条件概率,以及条件概率与独立性的关系,能计算简单随机事件的条件概率,会用乘法公式、全概率公式计算概率,了解贝叶斯公式</td><td>提高了对随机事件的条件概率的学习要求</td></tr>
<tr><td>离散型随机变量及其分布列</td><td>通过具体实例,了解离散型随机变量的概念,理解离散型随机变量分布列及其数字特征(均值、方差)。了解伯努利试验,掌握二项分布及其数字特征,并能解决简单的实际问题。了解超几何分布及其均值,并能解决简单的实际问题</td><td>提高了对离散型随机变量及其分布列的学习要求</td></tr>
<tr><td>正态分布</td><td>通过误差模型,了解服从正态分布的随机变量。通过具体实例,借助频率直方图的几何直观,了解正态分布的特征。理解正态分布的均值、方差及其含义</td><td>提高了对正态分布的学习要求</td></tr>
</table>

续表

<table>
<tr><th colspan="2">变化的内容</th><th>2004B版的要求</th><th>2019B版的要求</th><th>要求的变化情况</th></tr>
<tr><td rowspan="3">统计</td><td>成对数据的统计相关性</td><td rowspan="3">①通过对典型案例(如“肺癌与吸烟有关吗”)的探究,了解独立性检验(只要求2×2列联表)的基本思想、方法及初步应用。
②通过对典型案例(如“质量控制”“新药是否有效”)的探究,了解实际推断原理和假设检验的基本思想、方法及初步应用。
③通过对典型案例(如“昆虫分类”)的探究,了解聚类分析的基本思想、方法及其初步应用。
④通过对典型案例(如“学习成绩与学习时间的关系”)的探究,了解回归的基本思想、方法及其初步应用</td><td>结合实例,了解样本相关系数的统计含义及样本相关系数与标准化数据向量夹角的关系,能通过相关系数比较多组成对数据的相关性</td><td>提高了对成对数据的统计相关性的学习要求</td></tr>
<tr><td>一元线性回归模型</td><td>结合具体实例,了解一元线性回归模型的含义,了解模型参数的统计意义,了解最小二乘原理,掌握一元线性回归模型参数的最小二乘估计方法,会使用相关的统计软件。针对实际问题,会用一元线性回归模型进行预测</td><td>提高了对一元线性回归模型的学习要求</td></tr>
<tr><td>2×2列联表</td><td>通过实例,理解2×2列联表的统计意义,了解2×2列联表独立性检验及其应用,会使用统计表</td><td>提高了对2×2列联表的学习要求</td></tr>
</table>

当前我国高中数学的主要学习内容,即2019B版的主要学习内容,与2004B版的主要学习内容基本一致。换句话说,我国高中数学的主要学习内容,在一般情况下,并不会因为教学大纲或课程标

准的重新修订而作出太大的调整。特别是传统内容，与之前相比，更不会发生很大的变化。因此，两种版本教材即 2004B 版和 2019B 版的主要学习内容，仍是集合、常用逻辑用语、函数与指数函数、对数函数、幂函数、三角函数、(平面和空间)向量、数列、复数、统计、概率、立体几何、平面解析几何、导数等传统内容。不过要说明的是，虽然我国高中数学所设置的学习内容很丰富、很全面，但是，在实际教学中，并不是全部学习内容都开设课程。由于高考数学的考点设置，目前我国高中数学实际所开设的学习课程，主要学习的是与高考有关的内容。其他的，即高考不考的有关学习内容，基本上都不开设课程。其中，高考必考、高考选考和高考非考的内容设置情况，具体见表 3-3。

表 3-3　2004B、2019B 版高考必考、选考、非考的内容统计

2004B 版					2019B 版		
必修	选修				必修	选修	
必考	必考	必考	非考	选考	必考	必考	非考
A 系列	B 系列（文）	C 系列（理）	D 系列	E 系列	A 系列	B 系列	C 系列
A_1 A_2 A_3 A_4 A_5	B_1 B_2	C_1 C_2 C_3	D_1 D_2 D_3 D_4 D_5 D_6	E_1 E_2 E_3 E_4 E_5 E_6 E_7 E_8 E_9 E_{10}	A_1 A_2 A_3 A_4	B_1 B_2 B_3	C_1 C_2 C_3 C_4 C_5

4 为什么对集合的概念不加定义[①]

集合是现代数学的基本语言。使用集合语言，可以简洁、准确地表达数学中的一些内容。在高中数学课程中，对集合的学习有明确的要求，即要将集合作为一种语言来学习，要使学生通过对集合的学习，能够用集合的语言表示有关数学对象，并在其他数学内容的学习中提高运用集合语言进行交流的能力。那么对于这样重要的数学概念为什么不加定义呢？我们在教材中所看到的对集合的“定义”又是什么呢？对于这些问题，还要从以下几个方面说起。

4.1 历史遗留问题

集合论是关于无穷集合和超穷数的数学理论，由德国数学家康托尔于 19 世纪末创立。不过集合论的建立并不是一帆风顺的，可以说它从产生起就受到了一些数学家的质疑和攻击。他们拒绝将集合论作为数学的基础，认为这是一场含有奇幻元素的游戏。但同时集合论也得到很多数学家的肯定和赞扬。他们利用它解决了许多问题，其中之一就是利用它建立了现代数学。目前，集合论已成为整个现代数学的基本内容之一。一方面，许多重要的数学分支，如群、环、拓扑空间等，都是在集合论的基础上建立起来的；另一方面，集合论所反映的思想方法已融入了整个现代数学之中，并在越来越广泛的领域中得到应用。

不过集合论也和其他理论一样，有着许多不完善的地方，如它是通过使用说明的方式建立起来的，因此留下了许多有待解决的问

---

① 本文已在《中学数学教学参考》2021 年第 28 期上发表。

题，在这些问题中，就有一个是集合的定义问题。康托尔对集合的解释是"集合是人们直观上或思想中完全确定的、不同事物合成的一个整体"。后来他又给出的解释是"所谓的集合就是一些确定的、不同的东西的总体，这些东西人们能意识到，并且能判断一个给定的东西是否属于这个总体"。无疑，后一个解释比前一个解释更具有一般意义，也有更广泛的应用性。但这些解释只能算是一种描述性的定义，并不是严格的演绎定义。根据演绎数学理论的概念界定法，当对一个新概念界定时，为了避免循环定义，我们必须要使用那些不加定义的基本概念，或是已经界定好的概念，然后以它们为出发点，通过适当的语言描述给出新概念的定义。但在康托尔所给出的集合定义中，使用了整体、总体这样没有界定的概念。因此，康托尔给出的这两个集合定义都不是集合概念的完整定义。这样关于集合的定义就成了历史遗留问题。

4.2 数学中的规定

在数学的发展过程中，有一类概念很特殊，即这类概念长期都没有明确的定义，人类也无法表示它。这不仅严重影响了人们对数学的研究和探索，而且还产生了许多歧义。经过长期探索，人们终于找到了一种方法，并形成了某些规定，解决了这一问题。其中常见的规定有两种：一种规定是用描述的方法来表示这类概念；另一种规定是通过公理化的方法来表示这类概念。

那么，什么是描述的方法呢？所谓描述的方法，就是利用这类概念的邻近概念说明它，或用形象的比喻来描述它。例如，我们在各种教材及辞海、辞典、词典、字典中见到的集合定义：把一些能够确定的、不同的对象看成一个整体，就说这个整体是由这些对象组成的集合（有时简称"集"）①；集，亦称"集合"，数学中的基本概念之

① 张建业，王洪林.高等数学[M].天津：南开大学出版社，2017：1.

一，具有某种属性的事物的全体称为“集”[①]；凡是具有某种性质的、确定的、有区别的事物的全体就是一个集合或简称集[②]；表示一定事物的集体称为集合或集[③]；凡是具有某种特殊性质的东西的全体即称之为集[④]等。这些都是用描述的方法给出的定义，我们把这种通过描述的方法给出的定义称为描述性定义。

那么，什么是公理化的方法呢？所谓公理化的方法，就是利用某种规定来定义概念的一种方法。公理化的方法依据规定的不同又分为两种：一种是对被定义的概念直接给予某种规定；另一种是先对被定义的概念加以限制，然后再对这个被定义的概念给予某种规定。具体为：先对被定义的概念规范一些可以描述其性质的公理，然后再用这些公理对被定义的概念给予规定。例如，欧几里得所创建的《几何原本》就是对被定义的概念直接给予某种规定，从而建立了初等几何公理系统，在这个公理系统中，欧几里得首先确定了一种规则。对于概念，他规定哪些概念可以不被定义，哪些概念要被定义，不被定义的概念是不能由其他的概念定义的，但可由它们出发经过演绎推导出其他的概念。对于公理，他规定：所谓公理，就是指确定的、不需要证明的基本命题；然后又规定了具体的方法，即一切定理都要由这些公理演绎得出，而且在这种演绎中，每个证明过程都必须以公理为前提，或者以被证明的定理为前提。现在的演绎数学体系基本上是根据欧几里得的这一方法建立起来的，而且这一方法也成为建立任何演绎数学理论或知识体系都必须遵守的方法。其中，不被定义的概念又称为不加定义的基本概念，或者不加定义的概念，这类概念有时也常被说成是原始概念、基本概念、基础概念，我们所熟悉的点、线、面、体等都属于这类概念。

再例如，ZF公理系统（策梅罗-弗兰克尔公理系统）则是先对集合提出了限制，即集合不能以它自身为元素，然后对康托尔的集合

---

① 辞海编辑委员会.《辞海》[M].上海：上海辞书出版社，1978：41.

② 方嘉琳.集合论[M].长春：吉林人民出版社，1982：3.

③ 张禾瑞，郝鈵新.高等代数第3版[M].北京：高等教育出版社，1983：1.

④ 那汤松.实变函数论：上册[M].徐瑞云译.商务印书馆，1953：1.

论进行公理化改造。具体为：先规范一些可以描述集合性质的公理，然后利用这些公理对集合给予规定，进而建立了关于集合论的公理系统。在集合论的公理系统中，描述集合性质的公理主要有：

外延公理：一个集合完全由它的元素所决定，如果两个集合含有相同的元素，则它们是相等的。

空集存在公理：存在一个集合 S，它没有元素。

无序对公理：任给两个集合 X、Y，存在第三个集合 Z，而 $W\in Z$，当且仅当 $W=X$ 或 $W=Y$。

并集公理：任给一个集合 X，可以把 X 的所有元素的元素汇集到一起，组成一个新集合。

幂集公理：对于任意的集合 A，存在一个集合 B，它的元素恰是 A 的各个子集。

无穷公理：存在一个集合 X，它有无穷多个元素。

分离公理：满足某条件，且属于某集合的元素仍能构成一个集合。若设 P 为关于某集合的一个性质，并且以 $P(z)$表示 z 满足性质 P，则对于任意集合 X，存在集合 $Y=\{z\in X \mid P(z)\}$。

替换公理：对于任意的函数 $F(x)$，对于任意的集合 T，当 $x\in T$ 时，$F(x)$都有定义成立的前提下，就一定存在一集合 S，使得对于所有的 $x\in T$，在集合 S 中都有一 y，使 $y=F(x)$。也就是说，当由$F(x)$所定义的函数的定义域在 T 中的时候，它的值域可限定在 S 中。

正则公理(也叫基础公理)：对于任意非空集合 X，集合 X 中至少有一个元素 S，使 $X\cap S$ 为空集。

显然，在 ZF 公理系统中的集合概念，与欧几里得初等几何公理系统中的点、线、面概念，在处理方法上同出一辙。所不同的是，前者使用的是间接规定的形式，后者使用的是直接规定的形式。这样，集合这一概念就有了两种定义形式：一种是描述性定义，另一种是公理化定义。那么，为什么要对集合论公理化呢？在集合论的历史遗留问题中就有一个是集合的定义问题，这个定义自相矛盾。针对这个定义还有一个经典的悖论，即理发师悖论。理发师悖论是由英国著名的数学家、哲学家和逻辑学家罗素提出来的，大意是：在一个村庄里住着一位理发师，这位理发师只给这个村庄里那些不给自己刮胡子的人刮胡子，请问这位理发师给不给自己刮胡子？为了回答这一问题，罗素构造了一个所有不属于自身的集合 R，现在问 R 是否属于 R？然后他进行了推理。推理分两种情况：

(1)如果 R 属于 R，则 R 满足 R 的定义，因此，R 不应属于自身，即 R 不属于 R；

(2)如果 R 不属于 R，则 R 不满足 R 的定义，因此，R 应属于自身，即 R 属于 R。

这样，无论何种情况都存在着矛盾。因此，这就使得人们对数学推理的正确性和结论的真理性产生了怀疑，进而引发了数学发展史上的第三次危机，即第三次数学危机。为了应对这次危机，在希尔伯特的领导下，人们开始尝试对集合论进行改造。改造的主要思路就是对康托尔的集合定义加以限制，并从现有的集合论成果出发，反求足以建立这一数学分支的原则。这些原则必须足够狭窄，以保证排除一切矛盾，同时又必须充分广阔，使康托尔集合论中一切有价值的内容得以保存下来。实际上就是把集合论公理化。后来终于实现了对集合论的公理化，并得到了著名的 ZF 公理系统，以及 ZFC 公理系统(ZF 系统＋选择公理)、NBG(冯·诺伊曼-博内斯-歌德尔集合论)公理系统等。这样，通过所得到的这些公理系统，就避免了已知的集合论悖论，化解了这次数学危机，并在数学基础研究上提供了一种简便的语言和工具。此外，在 ZF 公理系统中，几乎所有的数学概念都能用集合论语言表达，数学定理也大都可以在 ZFC 公理系统内得到形式证明。

虽然康托尔创立了集合论，但他没有搞清楚什么是集合。虽然他给出了集合的定义，但结果自相矛盾。为了解决这一问题，人们又对集合的定义进行了公理化改造，进而得到了集合的公理化定义。不过这个定义，只是解决了自相矛盾问题，并没有揭示集合的本质。所以，最后人们还是不得不将它视为基础概念。这可能就是迄今为止，对集合这个概念不加定义的原因，也是教材中对集合的定义给出的是描述性定义的原因。

5 为什么设两个函数定义

在中学数学教材中，函数是一个很特殊的概念。它有两个定义：一个是初中时的定义，另一个是高中时的定义。同一个函数，为什么设两个定义，难道说函数就有两个定义吗？为什么一个设在初中，另一个设在高中？这是什么意图？等等。对于这些问题，没有那么容易回答，这还要从函数的起源、发展与演变说起。

5.1 函数的起源、发展与演变

“函数”一词，在我国并非固有，它是一个翻译名词，最早出现在我国清代数学专著《代数学》（中国的第一本微积分教材）中。《代数学》是英国的数学教材《代数学基础》与美国的数学教材《解析几何与微积分基础》的翻译本，由我国清代数学家、天文学家、教育家和翻译家李善兰与英国学者伟烈亚力于 1859 年合译。他们把其中的英文名词“function”翻译成“函数”，意指“函数是含有变量 x 的式子”，从此这个词在我国沿用至今。事实上，函数是一个古老的概念，早在变量数学出现之前，人们对它就已有了认识。但对它真正开始有所研究的时候，已经是公元 17 世纪，当时的数学已经由常量研究进入了变量研究。在研究变量时，人们发现有些变量之间存在着某种特殊关系，但这一关系是什么，这些变量是什么，人们还搞不清楚，也不知道用什么方法来表示，直到 20 世纪 40 年代，对这些问题的认识才有了实质性的突破。特别是布尔巴基学派对函数定义的提出，标志着人类对函数的认识进入了一个新阶段。而对函数的这一认识也成为 20 世纪数学研究史上最伟大的成就之一。今天，函数已成为数学领域中的一个重要概念，它的内容、思想和方法几乎渗透到数学领域的各个分支。也正因如此，函数也成了世界各国中学生必修的内容，函数的思想和方法也对中学生学习数学产生了重要影响。

从目前可检索的文献来看，人类对函数的认识经历了一个很漫长的历史过程，在这一过程中，人类对函数的认识先后出现过许多不同的结果。这些不同的结果，无论是在对函数本质的揭示上，还是在对函数意义的描述上，都存在着明显的差异。也正是这种差异，为我们今天中学数学教材中所给出的两个函数定义埋下了伏笔。对此，我们不妨从对函数定义的过程、时间、研究的简要过程及取得的主要成果、研究的主要问题、主要特点、评价几个维度，看一下人类对函数的认识情况(见表 5-1)。

表 5-1　人类对函数的认识情况统计

过程	时间	研究的简要过程及取得的主要成果	研究的主要问题	主要特点	评价
第一个时期	16 世纪及之前	早在公元前 3 世纪，丢番图(Diophantus，古希腊，公元前 246—330 年)在他所著的《算术》中，已经能用变量来解不定方程。14 世纪，尼克拉·奥莱斯姆(Nicole Oresme，法，1323—1382 年)在他所著的《论质量与运动的结构》和《论图线》中，已开始研究与物体运动有关的变量，并用图形表示依时间 t 而变的 x。16 世纪，伽利略(G. Galilei，意，1564—1642 年)和开普勒(J. Kepler，德，1571—1630 年)则利用奥莱斯姆的这种方法研究天体的运行	不定方程、动点的轨迹	主要从变量间的依赖关系中提取线索，并表示这种线索	已有了变量的意识，但还不清楚变量是什么。已抽象出了变量之间的关系，并能用图形的方式来表示。但并不知道图形与变量的关系，只是建立了点与点之间的孤立联系

续表

过程	时间	研究的简要过程及取得的主要成果	研究的主要问题	主要特点	评价
第二个时期	17世纪至18世纪末	17世纪,哈略特(T. Harriot,英,1560—1621年)和费尔玛(P. de Fermat,法,1601—1665年)先后发现,一些变量与不定方程的已知量和未知量有关。根据这一发现,他们在直角坐标系中,成功地用一种代数关系式——方程(直线、圆和其他一些圆锥曲线)表示出了两个变量之间的相依关系——曲线。1637年,笛卡儿(R. Descartes,法,1596—1650年)在他的著作《几何学》中,首次把与变量有关的概念,如"未知和未定的量"引入了解析几何,并用它们来描绘运动、刻画动点的运动轨迹。1665年,牛顿(I. Newton,英,1642—1727年)在创建微积分时,把函数当作曲线上变动的点(量)来研究,并用"流量"一词来表示变量之间的依赖关系,同时从运动的角度,把曲线看成是动点的轨迹。1667年,格列哥里(J. Gregory,英,1638—1675年)在他的文章《论圆和双曲线的求积》中,首次提出了与运算有关的函数定义,	各种曲线、方程、函数、微积分(求曲线的长和曲线所围的面积、求曲面所围成的立体的体积)、级数的展开等	主要从曲线上点的运动规律中寻找启示,从变量间的依赖关系中提取线索,进而得到了函数的解析式定义,以及相应的表示	萌生了函数的思想,但还没有提出函数的概念。发现了变量之间的依赖关系。抽象出了变量的概念,并利用它描绘运动、刻画动点的轨迹

续表

过程	时间	研究的简要过程及取得的主要成果	研究的主要问题	主要特点	评价
第二个时期	17 世纪至 18 世纪末	即函数是由其他的一些量经过一系列的代数运算而得到的，或者经过其他可以想象的运算而得到的。据他解释，这里可以想象到的运算，除了加、减、乘、除和乘方之外，还有极限运算。1692 年，莱布尼茨（G. Leibniz，德，1646—1716 年）在《教师学报》（*Acta Eruditorum*）上发表的一篇论文中首次使用了“function”一词来表示函数，并先后用这一词表示幂[一个变量 x 的函数就是它的 n 次幂（x^n）]，以及与曲线上的点有关的量，如曲线上点的横坐标、纵坐标等。之后又在他所著的《历史》一书中，把函数定义为依赖于一个变量的量，同时引进了“常量”“变量”和“参变量”等概念。1718 年，约翰·贝努利（Johann Bernoulli，瑞，1667—1748 年）在研究积分的计算时发现，在对待“找出变量之间的关系”表示上，用莱布尼茨定义的函数表示是很困难的，因为积分的目的就是在给定变量的微分中，找出变	—	—	创立了函数术语和函数符号，引进了“常量”“变量”和“参变量”等概念。 认识到函数是由一个解析式唯一给出的

续表

过程	时间	研究的简要过程及取得的主要成果	研究的主要问题	主要特点	评价
第二个时期	17世纪至18世纪末	量之间的关系。于是，他在莱布尼茨定义的基础上，又给出了一种与量有关的函数定义：变量的函数是由这个变量和一些常量以任何方式所构成的量。“任何方式”一词，他认为包括代数式子和超越式子。1748年，欧拉（L. Euler，瑞，1709—1783年）在他所著的《无限小分析引论》中，推广了贝努利的定义，并把贝努利定义中所构成的量改成了解析表达式，进而给出了函数的解析式定义。他认为只有由连续曲线所给出的函数才是连续函数，且可用单个式子来表达。也就是说，这样的函数解析式是唯一的。此外，他还用曲线来表示函数，并用莱布尼茨的“function”一词表示函数，用符号 $y=f(x)$ 表示变量 x 的函数（其中“f”取自“function”的第一个字母）。1797年，拉格朗日（J. Lagrange，法，1736—1813年）又深化了欧拉的见解，在他所著的《解析函数论》中，将一元或多元函数定义为：	—	—	不足的是，虽然已经有了一定的函数思想，但从普遍意义上来说，还是没有认识到函数的本质，对变量的认识也不深刻

续表

过程	时间	研究的简要过程及取得的主要成果	研究的主要问题	主要特点	评价
第二个时期	17 世纪至 18 世纪末	所谓一个或几个量的函数，是指任意一个适于计算的表达式，这些量以任意方式出现于表达式中，表达式中可以有(也可以没有)其他一些被称为具有给定和不变值的量，而函数可以取所有可能的量值。同时他也肯定了欧拉关于函数是由解析式唯一给出的观点	—	—	—
第三个时期	18 世纪末至 19 世纪末	18 世纪末，达朗贝尔(J. D'Alembert，法，1717—1783 年)、欧拉、狄里赫莱(J. Dirichlet，德，1805—1859 年)在研究弦振动等问题时发现，有些函数根本不存在解析式，如狄里赫莱函数，但这些函数可以用图象、表格，以及其他的存在形式来表示。还有一些函数的解析式并不唯一，如分段函数，且这类函数有时并不随自变量的变化而变化。1775 年，欧拉在他的《微分学》一书中，更新了函数解析式的定义，给出了函数的变量依赖定义：如果某些量依赖于另一些量，当后面这些量变化时，前	热传导方程、级数、常微分方程、偏微分方程、泛函分析等	主要从各种研究中提取信息，从各种对应中验证发现，进而得到了函数的变量依赖定义和变量对应定义，以及相应的表示	发现了之前对函数的认识缺陷。认识到函数能否用解析式来表示并不重要，重要的是变量之间必须要存在一定的依赖关系

续表

过程	时间	研究的简要过程及取得的主要成果	研究的主要问题	主要特点	评价
第三个时期	18世纪末至19世纪末	面这些变量也随之变化，则前面的量称为后面量的函数。1797年，拉克鲁瓦(S. Lacroix，法，1765—1843年)在其编写的教材《微积分》中，首先否定了用解析式给出函数定义的观点，并给出了完全不用解析式的函数定义：每一个量，如果它依赖一个或几个别的量，不管人们知不知道用何种必要的运算可以得到前者，就称前者为这个(或这些)量的函数。同年，拉格朗日在他的著作《解析函数论》中，提出了可用幂级数表示函数的观点。1807年，傅里叶(B. Fourier，法，1768—1830年)在他的著作《热的分析理论》中，提出了任何函数都可以表示成三角函数，并通过举例说明了某些函数可用曲线表示，也可用一个式子表示，或用多个式子表示，从而结束了函数是由唯一一个解析式表示的说法。1823年，柯西(A. Cauchy，法，1789—1857年)在他的著作《微积分学纲要》中，首次引入"自变数"一	—	—	创立了函数的早期定义，即函数的变量依赖定义。认识到了函数的本质，即变量 y 称为 x 的函数，只需有一个对应的法则存在即可，不管这个法则是公式、图象、表格或其他形式

续表

过程	时间	研究的简要过程及取得的主要成果	研究的主要问题	主要特点	评价
第三个时期	18 世纪末至 19 世纪末	词,给出了函数定义:在某些变数之间存在着一定的关系,当给定其中某一变数之值,其他变数之值亦可随之而确定时,则将最初的变数称为自变数,其他各变数则称为函数。在这一定义中,显然他推广了拉克鲁瓦的认识,并注意到函数是由自变所引起的因变。1837 年,狄里赫莱在柯西认识的基础上,进一步注意到,函数不应该是自变所引起的因变,而是变量与变量之间所存在的某种对应关系。于是他拓宽了柯西的认识,给出了对应观点下的函数定义,即变量的对应定义:若对于给定区间上的每个 x 的值,y 总有完全确定的值与之对应,那么 y 就叫作 x 的函数。他还进一步指出,y 依赖于 x 的关系是否可用数学运算式来表达,无关紧要。此外,司托克斯(G. Stokes,英,1819—1903 年)、罗巴切夫斯基(N. Lobachevsky,俄,1792—1856 年)、黎曼(G. Riemann,德,1826—1866 年)、	—	—	创立了函数的近代定义,即函数的变量对应定义。不足的是,对函数的含义仍不明确,只强调它是值与值之间的对应。对变量的取值范围仍缺乏深刻的认识,对函数概念的定义仍不统一,且缺乏严密性

续表

过程	时间	研究的简要过程及取得的主要成果	研究的主要问题	主要特点	评价
第三个时期	18 世纪末至 19 世纪末	维尔斯特拉斯(K. Weierstrass,德,1815—1897 年)等,也都给出了相应的函数定义。其中,黎曼于 1851 年给出的函数定义,把狄里赫莱定义中的"完全确定的值"改成了"唯一的一个值",即若对于给定区间上的每个 x 的值,y 总有唯一的一个值与之对应,那么 y 就叫作 x 的函数,进而完善了狄里赫莱的变量对应定义。同时,也进一步限定了变量 x 的取值以及它的取值区间和相关要求。1887 年,戴德金(J. Dedekind,德,1831—1916 年)又给出了在映射观点下的函数定义:系统 S 上的一个映射 Φ 蕴含了一种规则,按照这种规则,对于 S 中的每一个确定的元素 x 都对应着一个确定的对象 $\Phi(x)$,它称为 x 的映射,记作 $\Phi(x)$。函数就是系统 S 的一个映射。其中,$\Phi(x)$ 由于映射 Φ 作用于 x 而产生,x 经映射 Φ 变换成 $\Phi(x)$	—	—	—

续表

过程	时间	研究的简要过程及取得的主要成果	研究的主要问题	主要特点	评价
第四个时期	20世纪至今	19世纪末以来，以维布伦(O. Veblen，美，1880—1960年)为代表的一些数学家先后发现，变量的取值很复杂，并不像之前所认识的那样。它除了可以是数，如实数、复数、函数之外，也可以是其他的非数事物，如有形的点、线、面、体，以及无形的东西等。而函数不过是由这些变量所组成的两个集合元素之间的某种确定关系，这种确定的关系可以是某种法则、某种规律、某种数学计算，也可以是某种其他的存在方式，如公式、图象、表格，甚至是一些有形的、无形的、运动的、不运动的事物，而且作为元素的集合，丝毫不拘泥于它是连续的还是离散的。于是在20世纪初，维布伦又重新定义了变量和常量，即所谓变量是代表某集合中的任意一个“元素”，常量则是特殊的变量，它是上述集合中只包含了一个“元素”情况下的变量。由变量x所代表的任意的元素，叫作这个变量	实变函数、复变函数、数论、拓扑、希尔伯特空间、巴拿赫空间、变换、同胚、算子等	主要从集合角度观察对应，从对应的角度研究变量，进而创建了函数的集合对应定义和关系定义以及相应的表示	打破了长期以来人们关于“变量是数”的认识局限，认识到变量可以是数，也可以是其他的对象，使对函数的定义域、值域及对应关系的认识更加深刻

续表

过程	时间	研究的简要过程及取得的主要成果	研究的主要问题	主要特点	评价
第四个时期	20世纪至今	的值。在康托尔(G. Cantor,德,1845—1918年)所建立的集合论基础上,维布伦给出了变量不一定是数的集合对应定义:若在变量 y 的集合与另一个变量 x 的集合之间,有这样的关系成立,即对 x 的每一个值,有完全确定的 y 值与之对应,则称变量 y 是变量 x 的函数。显然,在定义中,维布伦把函数的对应关系、定义域及值域进一步具体化了。后来,皮亚诺(G. Peano,意,1858—1932年)、哈代(T. Hardy,英,1877—1947年)等,也都给出了类似的函数定义:对于以集合为元素而构成的集合 P 的每一个元素 A,如果在另一个集合的集合 Q 中有完全确定的元素 B 与之对应,那么就把集合 Q 叫集合 P 的集合函数。显然,当集合 P、Q 中的元素 A、B(A、B 各是一个集合)是由唯一的元素构成时,那么这个定义就与维布伦的定义相一致。但不足的是,他们在定	—	—	对函数的本质有了实质性认识,并能从集合论的角度对函数的定义进行探讨,创立了函数的现代定义,即集合的对应定义,以及后来的集合的关系定义。特别地,集合的关系定义,不仅从集合论的角度对函数的本质作了阐述,还力图从数学中已经定义的概念出发,用数学自

续表

过程	时间	研究的简要过程及取得的主要成果	研究的主要问题	主要特点	评价
第四个时期	20 世纪至今	义中都使用了一些意义不明的术语，或者说在数学中没有定义过的术语，如变量和对应。为了避开这些术语，1914 年和 1921 年，豪斯道夫(F. Hausdorff，德，1868—1942 年)和库拉托夫斯基(K. Kuratowski，波，1896—1980 年)先后使用序偶给出了函数的集合关系定义。1939 年，布尔巴基(N. Bourbaki，法，1858—1932 年)学派则不使用序偶给出了函数的集合关系定义：设 E 和 F 是两个集合(它们可以不同，也可以相同)，E 中的一个变元 x 和 F 中的变元 y 之间的一个关系称为一个函数关系，如果对每一个 $x\in E$，都存在唯一的 $y\in F$，满足与 x 的给定关系。我们将联系每一个元素 $x\in E$ 和元素 $y\in F$ 的运算称为函数，y 称为 x 处的函数值，函数是由给定的关系决定的。两个等价的函数关系确定了同一个函数。20 世纪 60 年代，布尔巴基学派等又使用集合的	—	—	身的逻辑及其特有的抽象，使函数概念达到了空前的严密化程度。这不仅是函数自身的进步，也是数学整体的丰富和发展。不足的是，定义中使用了未加定义的概念集合。这为定义在以后可能被否定埋下了伏笔

续表

过程	时间	研究的简要过程及取得的主要成果	研究的主要问题	主要特点	评价
第四个时期	20 世纪至今	直积给出了函数的集合关系定义：设 A、B 是两个集合，f 是直积 $A\times B=\{(x,y)\mid x\in A,y\in B\}$ 的子集（也称 A 与 B 的一个关系）。若对任意一个 $x\in A$，都存在唯一的 $y\in B$，使得 $(x,y)\in f$（或若当 $(x,y)\in f$，且 $(x,z)\in f$ 时，总有 $y=z$），则称 f 为定义在 A 上、取值在 B 中的一个函数。显然，后两个定义要比之前的定义更加严密：其一，在定义中不再含有那些意义不明的术语，如变量和对应；其二，取消了之前定义中直接或间接涉及的自变量、因变量、定义域、值域等问题	—	—	—

由以上统计结果可以看出，人类对函数的认识经历了很复杂的过程。其中，函数的定义并不是只有两个，而是有多个。比较有影响力且具有代表性的至少有 11 个：第一个是由法国数学家尼古拉·奥莱斯姆在 14 世纪给出的图形定义，第二个是由英国数学家格列哥里在 1667 年给出的运算定义，第三个是由瑞士数学家约翰·贝努利在 1718 年从解析的角度给出的函数的定义，第四个是由瑞士数学家欧拉在 1748 年给出的解析式定义，第五个是由瑞士数学家欧拉在 1775 年给出的变量依赖定义，第六个是由德国数学家黎曼在 1851 年给出的变量对应定义，第七个是由德国数学家戴德金在

1887 年给出的映射定义，第八个是由美国数学家维布伦在 20 世纪初给出的集合对应定义，第九个是由德国数学家豪斯道夫在 1914 年给出的使用序偶的集合关系定义，第十个是由法国的布尔巴基学派在 1939 年给出的不使用序偶的集合关系定义，第十一个是由法国的布尔巴基学派在 20 世纪 60 年代给出的使用直积的集合关系定义。在这 11 个定义中，我们可以清楚地看到，每一个新定义的出现，实际上都是对之前定义不足或者缺陷的克服。也就是说，对函数的定义，实际上是一个不断更新的过程，在这个过程中，通过淘汰之前有不足或有缺陷的定义，从而得到更接近函数本质的定义。例如，变量依赖定义和变量对应定义之所以被集合对应定义取代，就是因为这两个定义都存在着缺陷。变量依赖定义的一个明显缺陷就是，它把那些可以用图形、表格以及其他的存在方式来表示的函数给排除在外了。变量对应定义的不足之处在于：一方面，它的变量取值和变量的含义都过于狭窄，因为它的变量取值只局限于数，变量的意义只是指取不是定值的值；另一方面，它的对应的意义也存在着局限性，因为它的对应的意义主要是指数集与数集之间数的对应，还远远没有认识到那些具有更广泛意义的对应。于是，为了克服这些不足或缺陷，人类在重新定义了变量、常量和对应的基础上，又给出了集合对应定义。

5.2　为什么在中学设两个函数定义

从我们现行的中学教材中的函数定义来看，二者都有深刻的历史背景，其中，初中函数定义是从变量依赖定义和对应定义中演变而来的，高中函数定义是从集合对应定义中演变而来的。因此，这两个函数定义是不同的。那么在我们中学数学教材中，为什么要设这两个函数定义呢？这两个函数定义中，为什么一个设在初中、一个设在高中？这可能与以下因素有关。

5.2.1 再现当时的历史发生场景

历史发生原理认为,个体的心理发展过程是人类社会认识发展的简约反映;人类在探索概念的认知过程中所面临的困难,也正是学生在学习理解这一概念时的困难所在;个体与人类社会的认知过程具有一定的相似性;个体的认知规律遵循人类社会的认知规律等。因此,在选择教育教学方式,组织学习内容时,若能参考历史上曾经发生过的事实,适当地再现当时知识发生的场景,那么,将会更好地优化学习的逻辑顺序和心理顺序,进而更有益于教育教学工作。我国现行教材给出的两种函数定义,基本上都按照函数定义的历史变迁顺序,再现了当时的历史发生场景,因此,也遵循历史发生原理。

5.2.2 尊重学生的认知规律和思维水平

心理学研究表明,初一学生大多是从功用性定义或具体形象描述水平向接近本质定义或具体解释水平转化。他们在掌握抽象概念方面有一定的难度,在一定程度上要依靠主观的、具体的内容,特别是对于比较复杂的抽象概念,还抓不住其本质属性,分不清主次的特征。初二是掌握概念的一个转折点。初三学生基本上能够掌握概念的本质属性,能逐步地分出主次的特征,但对高度抽象概括且缺乏经验支柱的概念,理解还不深。高中学生能够对其所理解的概念,作出较全面的、反映事物本质特征和属性的合乎逻辑的定义。根据这样的规律,从我国中小学教材的整体设计来看,可以说,对两个定义的安排有着很深刻的考虑。我国中小学教材中对函数的学习设计分为两个阶段:第一阶段是从小学到初二上,第二阶段是从初二下到高二下。由于第二阶段横跨初、高中两个学段,所以我们又把这一阶段进一步分为初中与高中两个学段,各阶段的主要学习内容、要求及特点见表 5-2。

表 5-2　我国中小学教材中对函数的学习设计

时间			主要学习内容	要求	特点
第一阶段	从小学到初二上		不断扩充的数（主要是有理数、代数）、量（特别是数量、常量）、字母、图形（表）、方程、未知数、代数式、数轴、坐标系，以及加、减、乘、除、乘方、开方、代数式的运算等	通过对和、差、积、商、比和比例等的学习，使学生感悟数和数之间存在的对应关系；通过对方程的学习，使学生了解量与量之间的依存关系；通过对代数式的学习，使学生了解代数式与它所含字母之间的函数关系	注重对函数概念、背景知识的铺垫，注重对函数概念的早期渗透
第二阶段	从初二下到高二下	初中	函数的变量依赖定义和变量对应定义及其表示，、二次函数，反比例函数，三角函数，函数的应用	通过对变量等知识的学习，使学生理解函数的定义以及表示方法，并能用所学的函数知识解决一些简单的实际问题	从变量的依赖和变量的对应两个角度，加强学生对函数概念的理解
		高中	函数的集合对应定义及其表示，函数的性质（主要是单调性与奇偶性），函数、方程、不等式之间的联系，三角函数，指数函数，对数函数，幂函数，导数，函数与导数的应用	通过对集合等相关知识的学习，使学生理解函数的定义以及相关的集合思想、变量对应的观点等，并在解决问题的过程中理解和掌握函数的表示、图象、性质以及思想和方法，并能解决一些简单的实际问题	从集合和对应两个角度，加强学生对函数概念的理解，并使他们理解初、高中函数概念的联系与区别

5.2.3 注重定义引入的系统性、方法性

无数次的教学实践表明，无论是对初中函数定义的学习，还是对高中函数定义的学习，往往都会出现这样一种情况，即有很多学生，不仅没能够很好地理解函数定义的本质，而且在对函数定义的理解上还出现了一些认知障碍。这不仅会直接影响到他们对函数定义的学习，而且还会影响到他们对后续相关知识的学习。因此，注重定义引入的系统性、方法性，也就变得越来越重要。对此，从我国的中小学教材的设置来看，显然有着很充分的考虑。其做法是：在系统性方面，主要强调函数定义的变迁完整；在方法性方面，主要强调方法的成熟性与可靠性。纵观整个教材对函数定义的学习设计，我们可以清楚地看到这一考虑。例如，在设计对初中函数定义的学习时，先通过小学知识的铺垫，让学生发现并认识变量，然后提炼出变量的概念。在这一基础上，又使学生通过学习两个变量之间存在的关系，发现并认识不同的变量所扮演的角色，然后再提炼出函数的初中定义。在设计对高中函数定义的学习时，先是让学生通过对所设计问题的学习，发现之前初中函数定义存在的不足，然后引导学生找出不足之处，并在此基础上提出新的问题，再引导学生解决这一新问题，进而抽象出函数的高中定义。

5.2.4 兼顾培养学生变量的眼光和对应的观点

变量的眼光、对应的观点，不只是人类在认识事物时所应有的思想和方法，也是人类对自己的理性思维所作出的更深刻的凝集和提炼。正是有了这种凝集和提炼，才使得人类发现了隐藏在大千世界背后的许多奥秘。试想，如果没有这种凝集和提炼，牛顿如何就能从树上掉下来的苹果中，发现了万有引力定律，爱因斯坦如何就能从时空、质量、能量的联系与转换中，提出了颠覆人们认知的狭义相对论和广义相对论。因此，在培养学生掌握有关函数的思想和方法的同时，兼顾培养学生变量的眼光和对应的观点，也就成为了函数教学的一个重要内容。从我国中小学教材中给出的函数定义来

看,它对此也都有专门的设计。例如,从小学起它就通过对各种各样与函数有关的计数、运算、列表、作图、解决实际问题等内容的设计,有计划、有目的地培养了学生变量的观念、对应的观点。到了初二下,特别是到了高中阶段,它则直接通过对函数的系统设计,多方位、多层次、有梯度地来培养学生变量的眼光和对应的观点。而且,其持续时间之长,强化力度之大,在整个高中数学的学习内容之中,非常少见。

参考文献

[1]保继光,曹絮.也谈函数的定义[J].数学通报,2018,57(5):14-17.

[2]杜石然.函数概念的历史发展[J].数学通报,1961(6):36-40.

[3]李鹏奇.函数概念300年[J].自然辩证法研究,2001(3):48-51.

[4]徐品方.函数概念的产生与发展[J].数学教师,1994(1):44-47.

[5]李孟芹.函数概念的起源、演变与发展[J].大学数学,2011,27(3):179-183.

[6]汪晓勤.19世纪中叶以前的函数解析式定义[J].数学通报,2015,54(5):1-7.

6　为什么要引进弧度制

我们知道，角的表示方法有很多，在中学数学教材中主要有两种：一种是用度表示角的大小，另一种是用弧度表示角的大小。用度表示角大小的方法叫角度制，用弧度表示角大小的方法叫弧度制。角度制是学生在初中时学习的内容，弧度制是学生在高中时学习的内容。为什么要这样设计呢？即为什么要让学生先学习角度制，然后再学习弧度制？为什么不让学生先学习弧度制，然后再学习角度制？弧度制与角度制有什么不同？二者谁优谁劣？学生在初中时已经学习了角的表示方法，到了高中为什么还要学习角的表示方法？即为什么要引进弧度制？我们应如何看待这些问题，我们又应该如何处理这些问题呢？

对于这些问题的回答，还需要从我们都熟悉的一个术语说起，这个术语就是地理上的分水岭。说起它，大家都知道，它是分隔两个相邻流域的山岭或高地，一般被比喻为两个不同事物的主要分界。其实在数学上也有分水岭，只是很少提到它。17 世纪及其之前的数学，数与形实际上是分开研究的，并且是静态的。但是，随着航海、物理学，特别是天文观测的发展，此时的数学已经不能满足时代的发展要求了。而且这时的人们已发现了变量，以及变量之间存在着的某种依存关系，但究竟是什么样的依存关系，还一时搞不清楚。但是此时一个人的出现，改变了这一局面，这个人就是笛卡儿。他是法国著名的哲学家、数学家和物理学家，他的代表作品之一——《几何学》，也就是现在的平面解析几何的早期作品。在这本书中，他首次将几何问题转化成了代数问题，并用代数的方法给予解决，奠定了变量研究的基础，为后来牛顿发明微积分创造了条件。如果我们把笛卡儿的这本《几何学》看作数学发展史上的一个分水岭的话,那么,它就把数学分成了两个部分。在这之前的数学就可以看作是常量数学,之后的数学就是变量数学;也可以认为,在这之前的数学是传统数学,之后的数学是现代数学;或者在这之前的数学是初等数学,之后的数学是高等数学。而我们所熟悉的平面直角坐标系就是分水岭的分界碑,即分界的标志。

那么为什么要引进弧度制呢?事实上,关于角,很早以前我们的祖先对它就有了认识。他们发现角的形成与两条相交的线段有关,或者与一条线段的转动有关,而角的大小又与两条线段的张开程度,或者一条线段的转动幅度有关。但在如何表示角的大小问题上,进展得却并不顺利,其间经历了一个很漫长的过程,这一过程大致可分为两个不同的时期。

6.1 常量数学时期

在常量数学时期,我们的祖先已经知道了可以通过测量来表示角的大小,但是其表示方法并不唯一。例如,图 6-1 所示的金字塔与日晷用长度之比的方法来表示角的大小。仔细观察金字塔我们会发现,它是一个非常完美的正四棱锥,这对于 4000 年前的古埃及人来说,能在施工中始终保持墙壁倾斜角的统一,并不是一件很容易的事情。那么他们是怎么做到的呢?

图 6-1 金字塔与日晷

在一本古埃及的数学教科书中,人们找到了线索。这本书就是《莱因德纸草书》,是已知的年代最为久远、内容最广泛的数学文献。书中的一段古埃及的象形文字记载着这样的一个问题与解答。

将这段象形文字翻译过来,其问题就是:若金字塔的高为 250 腕尺,底面边长为 360 腕尺,则它的“塞克特”是多少? 解答:因为“塞克特”是金字塔的高度与其底面边长一半的比值。又已知金字塔的高为 250 腕尺,底面边长为 360 腕尺,所以这个问题的答案“塞克特”是$\frac{250}{\frac{360}{2}}=\frac{25}{18}$。

知道了这两条线段的长度,通过它们的比值就确定了金字塔斜面的倾斜角 θ。那么具体是如何操作的呢? 之所以不通过测量斜边,而是通过测量高度和底面边长来确定金字塔斜面的倾斜角 θ,是因为在施工中后面的两个量是容易测量的。仔细观察金字塔你就会发现,其表面并不是光滑的,而是呈台阶状的。每当施工出一个台阶之后,从上面垂下绳子,就能测量这个台阶的高度 Δh 以及与其对应的底面边长 Δa,进而计算出“塞克特”,从而保证这个值与预期的值一致,也就保证了施工的质量。古埃及人用计算长度之比的方法来建造金字塔,中国人则用这种方法来计时。如图 6-1 所示的日晷是中国人专门用来测量太阳与地平线夹角的一种仪器。使用时,要先测出日晷“规”的长度,再测出其影子的长度,然后用“规”的长度去除以其影子的长度,从而得到太阳与地平线的夹角,这样就能够计算出对应的时间。

而在天文观测、航海以及测绘等领域则是通过等分圆周的方法来表示角的大小。这是为什么呢? 在平面上,固定一条线段的一个端点,抓住另一个端点转动这条线段,就可以得到不同的角。这个角的大小,由这条线段转动的幅度确定。特别地,当围绕这个端点转动一圈时,所形成的角恰好是一个满角。这个满角很特殊,小于它的角在它之内,大于它的角在它之外。若是以它为单位,我们可以得到许多这样的满角。但问题是在实际要表示的角中,有许多并不是满角,要么是比它大的,要么是比它小的。因此,还需要有另一种单位来表示这些角的大小。那么这种单位应是什么样的呢？在人类发展的不同时期都先后发现，满角与这条线段转动端点的轨迹所形成的圆有关。因此，若以适当的单位划分这个圆，那么就可以通过这个圆上的单位来表示不同角的大小。从目前可检索到的文献来看，古巴比伦人最先发现了这一规律，并通过等分圆周的方法来表示角的大小。他们的做法是：把一个圆等分成 360 份，取其中的一份作为一个单位，并记为 1 度，然后取其一半作为一个“量角器”。需要测量角的大小时，只要用这个量角器度量一下就可以知道这个角的大小了。此外，他们还把满角视为周角，周角的一半视为平角，平角的一半视为直角，于是就有了现在的角度制的雏形。这到底是怎么回事呢？具体的缘由已不可考了，但在后来的天文观测、航海以及测绘领域，人们发现这种表示方法很方便。特别是在夜间航海时，在没有指南针的情况下，如果能把自己所在的位置与天上的星星所成角的大小确定好，就不会走偏方向了。

6.2　变量数学时期

到了变量数学时期，我们的祖先逐渐发现了之前方法的不足，于是开始着手建立新的方法，并使各种方法相互包容、相互依存，发挥各自的优势。实际上，无论是用计算长度之比的方法来表示角的大小，还是用等分圆周的方法来表示角的大小，它们都有各自的优势，也都有各自的不足。在漫长的历史岁月中，这些方法都发挥了自己应有的作用，并且解决了许多实际的问题。但随着时间的推移，特别是随着所要解决的问题变得越来越复杂，我们的祖先发现这些方法已不能满足实际需要。例如用计算长度之比的方法来表示角的大小，有时就很不方便。用计算长度之比的方法来表示角的大小时，通常要测量这个角两边的张开程度。具体作法为：在角的一边上任取一点，向另外一边上作高，构成一个直角三角形，然后计算这个角所对的直角边与另一个直角边的比值，这样就得到了这个角张开的程度,进而也就知道了这个角的大小。但在这种测量方式中,这个比值并不随着角的匀速变化而变化,即它不能与角构成线性关系。原因是线可以无限延长,而角可以旋转。例如,这个比值为$\frac{\sqrt{3}}{3}$,则角有可能是30°,也有可能是其他的度数,如150°,这样用起来很不方便。若改用等分圆周的方法来表示角的大小,也存在一些问题。例如,若一个角的大小不是整数单位,这时我们用量角器去度量时,就很难测出它的精确结果。这种方法存在着先天的缺陷,因为在这种方法中,我们使用的单位(度、分、秒)是人为规定的,它们并不是实在的数量。那怎么办呢?显然,我们需要找到一种能解决以上问题的方法,而且这个方法需要解决两个问题:一个是这个角如何求,另一个是这个角的单位如何定。现在我们再回到刚才那个平面上,固定线段的一个端点,抓住另一个端点转动一周,然后观察它所形成的圆,你会发现,这个圆中的每一个角与它所对应的弧,都是由形成这个圆的线段在它旋转时所形成的,且有什么样的角就有什么样的弧;反之亦然。同理,一个角的大小变化和它所对应弧的大小变化也是这样。因此,要想知道角的大小,只要知道了它所对应弧的大小就可以了。那么如何求这个弧的大小呢?牛顿的做法是:设这条线段的长为r,这样这个圆的半径就是r,然后以这个圆的圆心为顶点,以它所对弧上两点的连接线段为弦作一个扇形,接着再作n个这样连续的扇形,当扇形的个数n趋向于无穷大时,这些连续的小扇形的弦长之和就趋向于这个弧的弧长了。如果这个角是一个周角,那么它所对弧的弧长恰好就是这个圆的周长,即$2\pi r$,这个周角的大小也就是$2\pi r$。不过,这种表述显然有问题,因为r是变化的,r不同,$2\pi r$也就不同。因此,这种表示周角大小的方法是不可行的。那如何改进呢?显然只要去掉r就可以了。那么如何去掉r呢?显然只要用$2\pi r$除以r就可以了,这样周角的大小就是2π了,它就与r无关了。即不管这个圆的半径r是多少,周角的大小都是2π。那么对于那些不是周角的角怎么办呢?也用类似的方法表示它们的大小,即用它所对弧的弧长除以圆的半径r,这样就可以表示这些角的大小了。这样我们就解决了第一个问题，即找到了求角的方法，用公式表示就是 $\theta=\frac{l}{r}$，而且这个公式对于弧长为 $l=2\pi r$ 时的周角也成立，即 $\theta=\frac{l}{r}=\frac{2\pi r}{r}=2\pi$。还有一个问题就是，在这种表示角的方法中，角的单位该如何确定呢？显然我们需要把这个周角所对的弧，即圆的周长划分成若干个等弧，每一个等弧就是一个单位。那么这样的等弧是怎样的呢？由周角的大小为 2π，我们不难发现这个等弧的大小就是半径 r，因为当 $l=r$ 时，通过公式 $\theta=\frac{l}{r}$我们可以算出 $\theta=1$，这恰是一个单位。这样，当一个角所对的弧长是半径 r 时，这个角的大小就是一个单位；当一个角所对的弧长是 $2r$ 时，那么这个角的大小就是两个单位；当一个角所对的弧长是 $2\pi r$ 时，即这个角是一个周角时，那么它的大小就是 2π 个单位。如果我们把这个单位起一个名字，比如弧度，那么这些角的单位就分别是一个弧度、两个弧度、2π 个弧度。这就是弧度制的雏形，后来又经过不断改进就得到了我们现在所用的弧度制了。

可以说，弧度制克服了之前方法的不足。例如，在公式$\theta=\frac{l}{r}$中，一方面，$\frac{l}{r}$随角 θ 的匀速变化而变化，即$\frac{l}{r}$能与角 θ 构成线性关系；另一方面，弧长与半径都是实在的数量，因此它们的比值也是一个实在的数量，因此也就不存在不精确的问题，当然用起来也更方便。此外，弧度与角度还可以互相转化，因此弧度制还具有角度制的功能。除了以上优点之外，人们还发现，在某些关于微分、积分的计算以及关于某些级数的展开式上，使用弧度制比使用角度制更容易，计算也更简捷。如图 6-2 所示是曲线 $y=\sin x$ 的一拱，使用弧度制和角度制这两种方法同时求其面积，你会发现其结果出人意料。

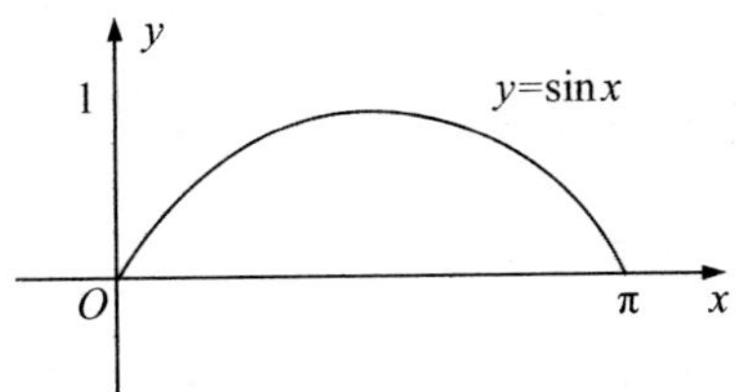

图 6-2

若在弧度制下,其面积为$\int_0^{\pi}\sin x\,\mathrm{d}x=-\cos x\,\big|_0^{\pi}=2$。

若在角度制下,其面积为$\int_0^{180}\sin x\,\mathrm{d}x=-\frac{180}{\pi}\cos x\,\Big|_0^{180}=\frac{360}{\pi}$①。

再例如,同时用这两种方法求正弦函数($\sin x$)和余弦函数($\cos x$)的泰勒展开式,其结果也出人意料。

若在弧度制下,$\sin x=x-\frac{x^3}{3!}+\frac{x^5}{5!}-\frac{x^7}{7!}+\cdots$

$$\cos x=1-\frac{x^2}{2!}+\frac{x^4}{4!}-\frac{x^6}{6!}+\cdots$$

若在角度制下,$\sin x=Cx-C^3\,\frac{x^3}{3!}+C^5\,\frac{x^5}{5!}-C^7\,\frac{x^7}{7!}+\cdots$

$$\cos x=1-\frac{x^2}{2!}+\frac{x^4}{4!}-\frac{x^6}{6!}+\cdots$$

其中$C=\frac{180}{\pi}$。

这是为什么呢?牛顿在创建微积分时发现,这主要与二者所用的求导公式有关,前者所用的求导公式较为简单,后者所用的求导公式较为复杂。此外,还与一个重要的公式$\lim\limits_{x\to 0}\frac{\sin x}{x}$有关。对于公式$\lim\limits_{x\to 0}\frac{\sin x}{x}$来说,在弧度制下,$\lim\limits_{x\to 0}\frac{\sin x}{x}=1$;而在角度制下,$\lim\limits_{x\to 0}\frac{\sin x}{x}=\frac{\pi}{180}$。具体

① 拾叶.弧度制有什么优点[J].数学教学研究,1984(3):40.

推导过程如下：

若用弧度制，$(\sin x)'=\lim\limits_{h\to 0}\dfrac{\sin(x+h)-\sin x}{h}=\cos x$，

同理，$(\cos x)'=-\sin x$。

若用角度制，$\dfrac{\sin(x+\Delta x)-\sin x}{\Delta x}=\cos(x+\dfrac{\Delta x}{2})\cdot\dfrac{\sin\dfrac{\Delta x}{2}}{\dfrac{\Delta x}{2}}$，

所以$(\sin x)'=\dfrac{\pi}{180}\cos x$，

同理，$(\cos x)'=-\dfrac{\pi}{180}\sin x$。

若用弧度制，如图 6-3 所示，

则 $\sin\theta<\theta<\tan\theta$，

所以 $\cos\theta<\dfrac{\sin\theta}{\theta}<1$，

所以$\lim\limits_{x\to 0}\dfrac{\sin x}{x}=1$。

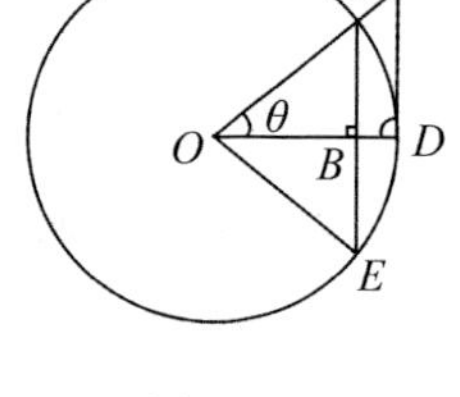

图 6-3

若用角度制，如图 6-4 所示，则$\triangle OAC$ 的面积<扇形 OAC 的面积<$\triangle OAB$ 的面积，

即$\dfrac{1}{2}\sin x<\dfrac{\pi}{360}x<\dfrac{1}{2}\tan x$。

所以 $1<\dfrac{\pi}{180}\cdot\dfrac{x}{\sin x}<\dfrac{1}{\cos x}$，

所以 $\cos x<\dfrac{180}{\pi}\cdot\dfrac{\sin x}{x}<1$。

当 $x\to 0$ 时，$\dfrac{180}{\pi}\cdot\dfrac{\sin x}{x}\to 1$，

所以$\lim\limits_{x\to 0}\dfrac{\sin x}{x}=\dfrac{\pi}{180}$。

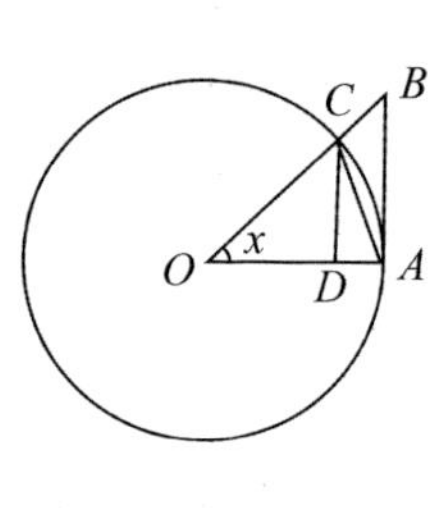

图 6-4

对此，牛顿在创建微积分的过程中，为了便于计算，凡是涉及与角有关的单位一律采用弧度单位。此外，在某些公式的推导上，弧

度制的作用也不容小觑，在这方面最具有说服力的当属对欧拉公式的推导。如下为欧拉公式的推导过程：

因为 $e^x=1+\frac{x}{1!}+\frac{x^2}{2!}+\frac{x^3}{3!}+\frac{x^4}{4!}+\frac{x^5}{5!}+\frac{x^6}{6!}+\frac{x^7}{7!}+\cdots$

所以 $e^{ix}=1+\frac{ix}{1!}+\frac{i^2x^2}{2!}+\frac{i^3x^3}{3!}+\frac{i^4x^4}{4!}+\frac{i^5x^5}{5!}+\frac{i^6x^6}{6!}+\frac{i^7x^7}{7!}+\cdots$

$$=(1-\frac{x^2}{2!}+\frac{x^4}{4!}-\frac{x^6}{6!}+\cdots)+i(x-\frac{x^3}{3!}+\frac{x^5}{5!}-\frac{i^7x^7}{7!}+\cdots)$$

$$=\cos x+i\sin x,$$

当 $\theta=\pi$ 时，有 $e^{i\theta}+1=0$。

图 6-5 是对欧拉公式的几何解释。

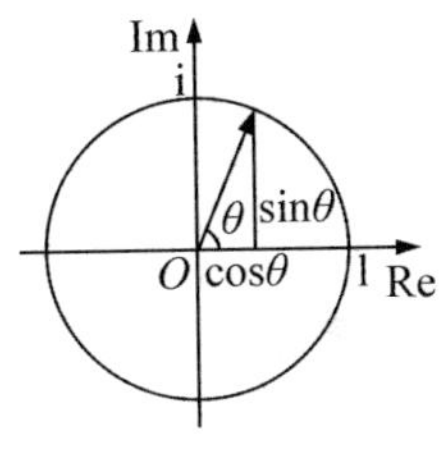

图 6-5

由此可见，如果不采用弧度作单位，欧拉很难推出 $e^{i\theta}=\cos\theta+i\sin\theta$。①

如果没有欧拉推导出的这个公式，复变函数理论就很难建立起来。因此，这就是在由初等数学向高等数学过渡的过程中，高等数学选择弧度为单位表示角的原因。那么，既然弧度制优于角度制，为什么不让学生直接学习弧度制，而是先在初中学习角度制呢？这主要与数学的发展有关。在数学的发展过程中，先有角度制后有弧度制。角度制产生于远古，并在漫长的历史进程中，一直活跃在初等数学领域，并服务于初等数学，到了高等数学时期，虽然它也适用，但明显存在不足。弧度制的产生虽然晚于角度制，但它仍然兼有角度制的功能，特别是它还具有角度制不具备的优势，因此它更适应高等数学的发展要求。另外，从我们现有教材的内容安排来看，初中主要是初等数学内容，高中主要是高等数学内容。在初中安排角度制，不仅是因为其中的内容安排需要用到它，更重要的是它本身就是这些内容的一部分。到了高中再安排弧度制，不仅是因为学习的内容发生了变化，而且解决的问题也变得更加复杂了，如果此时还采用角度制，显然不现实。因此，我们必须

---

① 李忠.为什么要使用弧度制[J].数学通报，2009，48(11)：1-7.

要找到相应的研究方法来适应这种变化，而且这种方法应比角度制更加优秀，那么这种方法是什么呢，当然就是弧度制。这就是在高中教材中引入弧度制的原因。这也是中学教材中让这两种方法同时存在、相互包容，并发挥各自优势的原因。其实，这也符合我们的认知规律和事物的发展规律。我们对世界的认识总是由低级到高级、由具体到抽象、由简单到复杂一步一步进行，而事物的发展也是这样。初等数学到高等数学是一个渐进的过程，同理，小学数学到初中数学再到高中数学也是渐进的过程。

7 为什么把以 e 为底的对数称为自然对数

我们知道，数学上有许多特殊的数字，如 3.141 592 665…，0.618 033 888 7…，2.718 281 828…，等等。这些特殊数字，不仅都有特定的名称，而且还都有专用的表示符号。例如，3.141 592 665…叫圆周率，用希腊字母 π 表示；0.618 033 888 7…叫黄金分割，用希腊字母 φ 表示；2.718 281 828…叫自然常数，用英文字母 e 表示。而且每一个特殊数字都有它的背景和意义。例如，π 是计算圆的周长与其直径之比时产生的，用以表示圆的周长与其直径的比值，这是所有的圆都必须要遵循的法则。φ 是计算两条线段的长度之比时产生的，具体为：把一条线段分割为两部分，使较大部分与全长的比值与较小部分与较大部分的比值相等，然后计算这个比值。这个比值是许多事物都要遵循的一种自然规律。e 是计算极限 $\lim\limits_{n\to\infty}(1+\dfrac{1}{n})^n$ 时产生的，用以表示单位时间内的某一个增量的增长极限，这个极限是所有符合这种条件的事物在增长过程中都必须要遵循的法则。那么为什么把以 e 为底的对数叫作自然对数呢？e 到底又是什么呢？下面我们就从以下两个方面来探讨这些问题。

7.1 e 与利息

早在 5000 多年前，在美索不达米亚平原就已经出现了高度发达的农业、手工业、畜牧业和工商业。生活在这里的苏美尔人在建立了以大麦和银子为主要媒介的贸易的同时，还创造了相应的信贷系统，以一定数量的粮食、一定质量的金属为单位，允许含息贷款，以促进经济的发展。后来相应的信贷规则还以法律的形式写进了《埃什嫩那法典》(*The Law of Eshnunna*)。这部法典是迄今为止人类发现的最早记载信贷的法律，其中对相关的银子、谷物的贷款利息作了一定的规定：每1谢克尔(180粒大麦)的利息是36粒大麦(即利率为20%)，每300塞拉(sila)的利息是100塞拉(即利率为33.33%)。到了伯努利时代，即公元16世纪，随着航海业的迅猛发展，一种以含息贷款为手段推动贸易发展的金融业务也开始兴起。在计息时，人们发现了一个奇异的现象，即有一种计息方法，它的本利并不像我们想象的那样无限增长，而是增长到一定程度以后就停留在某个神奇的数字附近，而且再也无法超越。这是怎么回事呢？要了解这一问题，我们还是先从一个简单的事例说起。

我们知道在自然界中，许多生物的生长是有一定的规律的。例如，有一种单细胞生物，它每经过24小时就能分裂一次，一次分裂成2个。这样，这种生物的细胞数量，每天都会翻一倍。如果今天是1个，那么明天就是2个，后天就是4个……如果继续分裂下去，那么经过x天后，它能变成多少个细胞呢？显然为2^x个。即这种生物在x天后，它的细胞数量总数将由原来的1个变为现在的2^x个。这是一个典型的指数增长模型，我们不妨将2^x改写成$(1+100\%)^x$的形式。其中，“1”表示原有的数量，“100%”表示单位时间内的增长率(为了方便，下面我们把100%用“1”来表示)。现在我们抽去这种单细胞生物的一切物理属性，只把它看作一种事物，然后再改变一下它的分裂时间，使它每经过12个小时就能分裂，也就是分裂进行到一半的时候，新产生的那半个事物已经可以再次分裂了。这样，一天24个小时就可以分成两个阶段，每一个阶段为12个小时，且每一个阶段事物都在前一个阶段的基础上增长$\frac{1}{2}$。当这一天结束的时候，可以得到多少个这一事物呢？显然为$1+\frac{1}{2}+\left(1+\frac{1}{2}\right)\times\frac{1}{2}=\left(1+\frac{1}{2}\right)^2=2.25$(个)。如果我们继续改变这一事物的分裂时间，使它每经过8个小时就具备独立分裂的能力。这样，一天24个小时就可以分成三个阶段，每一个阶段为

8个小时，且每一个阶段事物都在前一个阶段的基础上增长$\frac{1}{3}$。则当这一天结束的时候，可以得到多少个这一事物呢？显然为$1+1\times\frac{1}{3}+\left(1+1\times\frac{1}{3}\right)\times\frac{1}{3}+\left[1+1\times\frac{1}{3}+\left(1+1\times\frac{1}{3}\right)\times\frac{1}{3}\right]\times\frac{1}{3}=\left(1+\frac{1}{3}\right)^3\approx$ 2.37(个)。以此类推，我们可以不断地改变这一事物的分裂时间，使它在每分每秒都具备继续分裂的能力。为了计算方便，我们不妨把一天24个小时分成n个阶段，每一个阶段为一个单位时间，且每一个阶段事物都在前一个阶段的基础上增长$\frac{1}{n}$。那么一天下来可以得到多少个这一事物呢？显然为$\left(1+\frac{1}{n}\right)^n$个。$\left(1+\frac{1}{n}\right)^n$到底是多少呢？我们不妨列表，对$n$取不同的值进行计算，如表7-1所示。

表7-1　n取不同值时$\left(1+\frac{1}{n}\right)^n$的计算统计

n	$\left(1+\frac{1}{n}\right)^n$
1	2
2	2.25
3	2.37
5	2.488
10	2.593 7
100	2.704 8
1000	2.716 9
10 000	2.718 14
100 000	2.718 268
1 000 000	2.718 280 4
…	…

由表7-1我们可以看出，随着n的增大，$\left(1+\frac{1}{n}\right)^n$的值也在增大，即一天下来可以得到的事物数量也在不断增加。但它不是无限

地增加，而是不断逼近一个数字，这个数字就是 2.718 28…，它是 $\left(1+\frac{1}{n}\right)^n$ 的极限，即 $\lim\limits_{n\to\infty}\left(1+\frac{1}{n}\right)^n=e\approx2.718\ 28\cdots$。这说明，当日增长率 100%始终保持不变时，在一天 24 小时之内，不论 1 个细胞从开始到结束分裂多少次，在这一天之内它最多能达到 2.718 28…个，虽然它会无限接近这个数值，但永远也超不过这个数值，这个数值是它所能达到分裂数量的极限。

从目前可检索到的文献来看，著名的瑞士数理科学家雅可比·伯努利(Jacob Bernoulli)是最先发现这个极限值的人。不过他不是从细胞的分裂中发现的，而是在计算一种所谓"复利(Compound Interest)"的过程中发现的。虽然它与指数增长模型的背景有所不同，但有着异曲同工之处。具体如下：

假设银行一年的存款利率是 100%(简记为"1")，并允许我们自由选择结算利息的次数。如果我们存入银行 1 元钱，那么一年最多能够赚多少钱呢？如果只在年底结算一次利息，由于一年的利率是 1，那么一年后我们连本带利可以拿到多少钱呢？显然为 $1\times(1+1)=2$ 元钱。如果我们要求银行每半年就结算一次利息，那么一年后我们连本带利可以拿到多少钱呢？由于银行每半年就付一次利息，每半年的利率是 $\frac{1}{2}$，那么到年底我们可以拿到 $1\times(1+\frac{1}{2})^2=2.25$ 元钱。如果我们要求银行每季度就结算一次利息，那么一年后我们连本带利可以拿到多少钱呢？由于银行每个季度就付一次利息，每个季度的利率是 $\frac{1}{4}$，那么到年底我们可以拿到 $1\times\left(1+\frac{1}{4}\right)^4=2.441\ 4$ 元钱。由此我们可以看到，利息结算次数越多，年底获得的收入也就越多。如果我们要求银行时时刻刻都为我们结算利息，也就是说，结算利息的次数为无数次，那么一年后我们连本带利可以拿到多少钱呢？是不是无穷无尽呢？由于银行时时刻刻都付一次利息，为了计算方便，我们不妨假设一年结算 n 次利息，那么每次结算的利率就是 $\frac{1}{n}$，这样每结算一次利息，我们都立马把它存入银行，那么到年底我们可以拿到多少钱呢？显然为 $1\times\left(1+\frac{1}{n}\right)^n$ 元钱。这是多少钱呢？由上面的例子我们知道，它是 $\left(1+\frac{1}{n}\right)^n$ 的极限，即 $\lim\limits_{n\to\infty}\left(1+\frac{1}{n}\right)^n=e\approx2.718\ 28\cdots$ 元钱。

从上面这个例子我们不难看出：随着结算利息次数 n 的不断增加，我们在银行拿到的钱也在不断增加，但它并不是无限地增加，而是在不断地逼近一个数，但又超不过这个数，这个数就是 e。换句话说，只要年利率 100% 保持不变，那么无论怎样提高利息的结算次数，在银行存的 1 元钱，一年后连本带利拿到的钱都不是无穷无尽的，不会超过极限值 2.718 28…元钱。后来，瑞士数学和物理学家欧拉（Euler）也发现了这个极限值，而且他还发现，这个极限值除了表示增长的极限之外，还表示一个增长的单位。例如，假定有一家银行，每年存款的利率为 100%，那么我们存入 1 元钱，一年后可以拿到多少钱呢？由 $\lim\limits_{n\to\infty}1\times\left(1+\frac{100\%}{n}\right)^n=e\approx2.718\ 28$ 可知，最多可以拿到 2.718 28 元钱，这相当于 1 个 2.718 28 元钱。如果存入 100 元钱，一年后可以拿到多少钱呢？由 $\lim\limits_{n\to\infty}100\times\left(1+\frac{100\%}{n}\right)^n=100\times e\approx271.828$ 可知，最多可以拿到 271.828 元钱，即相当于 100 个 2.718 28 元。同理，如果存入银行 1000 元钱，一年后可以拿到多少钱呢？显然最多可以拿到 1000 个 2.718 28 元钱。如果存入银行 10 000 元钱，一年后可以拿到多少钱呢？显然最多可以拿到 10 000 个 2.718 28 元钱。由于在每一个所得的本利中，总是要带着2.718 28 这个数，显然这样很不方便，于是欧拉就用自己名字的第一个字母 e 来表示这个数。那么不同增长率和不同时间情况下的这一类问题是不是也都与 e 有关呢？对此，欧拉也分别进行了研究，发现它们也都与 e 有关，而且还具有一定的规律。例如，改变银行的利率，具体情况如下：若把每年存款的利率由 100% 改为 50%，那么 1 元钱存一年可以拿到多少钱呢？显然是 $\lim\limits_{n\to\infty}\left(1+\frac{50\%}{n}\right)^n$。这个 $\lim\limits_{n\to\infty}\left(1+\frac{50\%}{n}\right)^n$ 与 e 有什么关系呢？为了便于思考，我们不妨取$n=50$，则$\left(1+\frac{50\%}{50}\right)^{50}=(1+0.01)^{50}$。我们知道，在利率为100%的情况下，$n=1000$时所得到的值非常接近e，即$\left(1+\frac{100\%}{1000}\right)^{1000}=(1+0.1\%)^{1000}\approx e$。因此，1元钱存一年，50%的利率可以拿到的钱就相当于$e^{\frac{1}{2}}$，即$\left(1+\frac{50\%}{50}\right)^{50}=\left[\left(1+\frac{100\%}{1000}\right)^{1000}\right]^{\frac{1}{2}}\approx e^{\frac{1}{2}}$。若再把每年存款的利率由100%改为300%，那么1元钱存一年可以拿到多少钱呢？同理我们可以推得它是e^3。以此类推，我们就可以得到一个增长公式growth$=\lim\limits_{n\to\infty}\left(1+\frac{r}{n}\right)^{n}=e^{r}$（$r$代表利率rate，growth代表增量）。再例如，若改变一下时间因素，结果是不是也这样呢？上面提到，若每年存款的利率为300%，那么1元钱存一年可以拿到的钱是e^3。如果每年存款的利率还是300%，但是现在我们把时间改了，即把原来的1元钱在银行里存1年改为存2年，那么到期后可以得到多少钱呢？我们同样可以推得growth$=(e^3)^2=e^6$。同理，在时间为t的情况下，我们还可以得到一个增长公式，即growth$=\lim\limits_{n\to\infty}\left(1+\frac{r}{n}\right)^{nt}=(e^{r})^{t}=e^{rt}=e^{tr}$（$r$代表利率rate），而且这个公式适用于任何时间、任何增长率。

这样，有了这个公式以后，我们想要了解存入银行一定数额的钱，多长时间后能得到多少钱就很方便了。例如，假设我们账户上有120元钱，银行的复利率是5%，那么10年后我们将得到$120e^{5\%\times 10}=197.85$元钱。当然，有了这个公式后，我们想要了解存入银行一定数额的钱，需要多长时间可以翻倍也就很方便了。例如，如果银行的利率是5%，那么100元存款翻倍需要多长时间？即若$100e^{5\%t}=200$，则$t=$？对$100e^{5\%t}=200$两边取以e为底的对数，则$t=\frac{\ln 2}{5\%}=\frac{0.693}{5\%}=\frac{69.3}{5}\approx 13.86$，即需要13.86年。

7.2 e与自然

由上面所述我们可以看出，虽然 e 是一种复利的极限，但它的意义可不仅于此。到目前为止，它至少已经让我们知道了如下的一些事实：

其一，它反映了一种规律。这种变化规律类似于所谓的“复利”，而它就是这个“复利”的极限。从广义上说，它实际上是一种增长的极限，表示凡是满足“复利”的事物，在增长过程中，无论如何改变增长的利率，最后在单位时间内所达到的事物数量都不是无限的，而是在有规律地逼近一个值，这个逼近值就是 e。

其二，它表示一个增长的单位。凡是涉及以上所述的事物，有多少个这样的事物，最后就有多少个 e 倍的事物。

其三，它还让我们知道了一个所谓的增长模型，即 $\text{growth}=e^{rt}=e^{tr}$。通过这个模型，我们可以很方便地知道，当存入银行一定数量的钱以后，多长时间能得到多少钱以及需要多长时间就能够翻一倍。但是，在欧拉生活的那个时代，通过计算想知道这些，可没有那么容易。因为，它涉及了与对数有关的计算。在当时，人们还没有解决对数问题，他们对对数的认识还不像我们现在这样，更别说应用对数来解决实际问题了。怎么办呢？说到这里，就不得不从对数的产生说起。

说到对数的产生，就不得不提起古希腊，时间可以一直追溯到大约公元前 500 年。当时，阿基米德在研究几个 10 的连乘积与 10 的个数之间的关系时，他惊奇地发现，在它们之间存在着某种对应关系，例如，$1,10,10^2,10^3,10^4,10^5,\cdots$与 $0,1,2,3,4,5,\cdots$之间就有这种对应关系，利用这种对应关系可以将前几个数的乘除关系变成后几个数的加减关系。可惜的是，虽然他发现了这一规律，但是没有把这个研究继续做下去。2000 年以后，即到了公元 16 世纪，德国数学家斯蒂菲尔(M.Stifel)在重新研究阿基米德的这一发现时，他发现这种对应关系在其他的数之间也存在。例如，对于两组数：0，1，2，3，4，5，6，7，8，9，10，11，12，…和1，2，4，8，16，32，64，128，256，512，1024，2048，…，前一组数中几个数之间的加、减运算的结果，如2与5相加所得的和是7，与后一组数中几个数之间乘、除运算的结果，如4与32相乘所得的积是128，就有一种对应关系，即128恰好是2^7。此外，他还发现，等比数列的项和等差数列的项之间也存在着这样的一种对应关系：当第一组数按等差数列增加，第二组数按等比数列减少时，后一组数中每两个数之间的乘积与前一组数中对应的两个数的和，就建立起了一种简单的关系，从而可以将乘法运算归结为加法运算。但是，由于在当时人们还没有搞清楚与对数有关的指数的概念，因此，面对一些比较复杂的计算，如含有分数指数的运算时就束手无策了。不得已，斯蒂菲尔只好放弃了他的研究。但是，后来的苏格兰人纳皮尔(J.Napier)却把这一研究做了下来。不过纳皮尔采用了另一种研究方法，即利用了运动的概念与连续的几何量之间的关系。具体为：设AB是一条定线段，CD是给定的射线，令点P从A点出发，沿线段AB作变速运动，速度跟它与B点的距离成比例地递减。同时，令点Q从C点出发，沿射线CD作匀速运动，速度等于点P出发时的值。纳皮尔发现，此时P、Q运动的距离之间有某种对应关系，他把可变动的距离CQ称为距离PB的对数。那时，还没有相关的指数概念，也没有相应的指数符号，因而也就没有像现在所谓的“底”的概念，于是他就把对数称为人造的数，并用logarithm的前三个字母“log”来表示。对数这个词也就是纳皮尔在那个时候创造出来的。经过多年的研究，1614年，纳皮尔完成了关于他对对数的研究著作《奇妙的对数定理说明书》，其中介绍了他关于对数的研究成果。后来，又经过英国数学家布里格斯、甘特，美国数学家威廉斯以及瑞士数学家欧拉等人的改进和完善，逐渐产生了我们今天所用的对数。不过在当时的人们并没有给出像现在这样的对数定义，更没有认识到自然对数是以e为底的对数。随着解析几何与微积分的相继建立，人们在研究一些曲线的面积时，也发现了面积与对数之间的联系，如双曲线$xy=1$下的面积与对数,但仍没有认识到对数到底是什么。直到后来复变函数的建立,人们才搞明白了它,并给出了像现在这种的对数定义。不过,这种对数定义是借助于指数定义给出的,与之前人们对对数的认识有着很大的差别。这主要与对数的发展有关,正如上所述,在对数与指数的发展史上,实际上人们对对数的发现要远远早于对指数的发现。但不管怎么样,对数的发明,可以说是数学史上的一次空前伟大的创举,它与解析几何和微积分被公认是 17 世纪数学的三大重要成就。恩格斯曾赞誉它们是“最重要的数学方法”。[①] 伽利略甚至说:“给我空间、时间及对数,我可以创造出一个宇宙。”[②]特别是在当时,它不仅成功地解决了许多在过去几乎无法解决的计算问题,如天文学上的一些巨大计算,而且还减少了许多在计算上出现的失误,使计算的精确度与之前相比有了明显的提高。并且在以后的岁月中,它还成为了我们不可缺少的计算工具,无论是在工程建设领域,还是在科学探索之中,它都发挥了不可估量的作用。此外,它的作用还远远不止于此,随着研究的不断深入,人们发现它还在许多领域与社会、自然等存在着千丝万缕的联系。特别是随着现代数学的出现,当人们在进行一些计算(如推导一些公式和表达一些公式)时,若是采用了以 e 为底的对数,会使计算更容易、更方便。例如在微分运算、积分运算中就是这样。后来,在计算机采用哪一种进位制时,人们也发现,若采用以 e 为单位作进位制,就要比采用其他进位制的计算效率更高、误差更小。

至于e,人们对它的认识就更多了,并不局限于上面所提到的那些。例如,在今天的数学表达式和公式中,我们就时常会看到它的影子,像正态分布 $f(x)=\frac{1}{\sqrt{2\pi}\sigma}e^{-\frac{(x-\mu)^2}{2\sigma^2}}$(见图 7-2)、欧拉恒等式 $e^{\pi i}+1=0$、泰勒级数 $e=\sum_{k=0}^{\infty}\frac{1}{k!}$、傅里叶变换 $F(\omega)=\frac{1}{2\pi}\int_{-\infty}^{+\infty}f(x)e^{-i\omega x}dx$、等角螺线(对数

① 乔瑞金,闫宏秀.恩格斯《自然辩证法》研究读本[M].北京:中央编译出版社,2017:141.

② 张雄,王较过.世界大发现 数学·物理卷[M].西安:未来出版社,1999:89.

螺线)$r = ae^{b\theta}$(见图 7-3)。此外,在自然界中,人们也发现了许多它的影子,如向日葵有规则排列的种子、鹦鹉螺壳上的花纹、涡旋状星云、热带低气压、蜘蛛结出的网,等等。而与 e 有关的许多自然规律更是让人们惊叹不已,如生物的生长、繁殖,物质的衰变,物体的冷却等,都与它有关。可以说,e 在自然界中是一种广泛的存在。

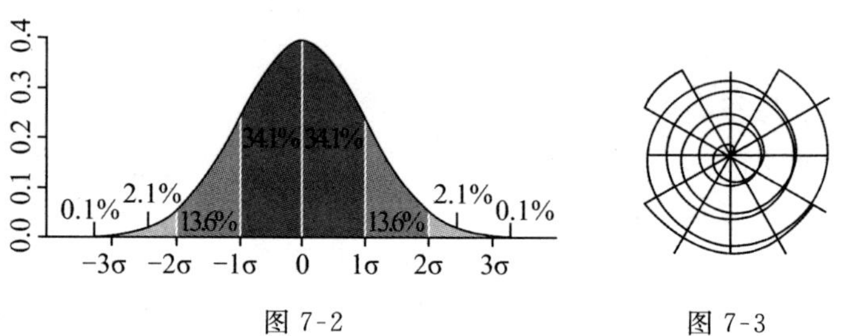

图 7-2　　图 7-3

可以说,迄今为止,e 是人类发现的一种极具神秘色彩的数字,而且它不是由我们创造出来的,而是我们在对大千世界的探索中,从自然界的事物中发现的。它就像圆周率 π 一样,是我们在计算圆的周长与其直径之比时发现的,这是所有的圆都必须要遵循的法则,而且不管是不是有人,甚至是不是有地球,只要有时间,有宇宙,它都是客观存在的。它也像自然数一样,是我们在对事物计数时发现的,也是客观存在的。但是负数、分数就不是这样的,它们不是被我们发现的,而是被我们创造出来的。因为我们无法把它们从自然世界的事物中抽象出来,而是必须要通过计算的方式才能得到它们。关于什么是自然,古希腊哲学家曾这样认为,所谓的自然,指的就是万物皆有的内在规律,是事物本身的固有属性,它是不以人的意志或者其他的力量所转移的东西。而 e 就是这样的,它反映的是事物所具有的内在规律,体现的是事物本身的固有属性,因此,e 是"自然"的。也正因如此,在数学中,我们就把以 e 为底的对数称为自然对数。

8　i到底是什么

我们知道,在数的发展过程中,它的概念一直处在发展变化之中,而每一次发展变化都与引进新数有关。例如,在自然数的基础上引进分数、负数就产生了有理数;在有理数的基础上引进无理数就产生了实数;在实数的基础上引进虚数,就产生了更为广泛的数——复数。

8.1　i的引入

为什么要引进新数呢?可以说原因是多方面的,但有一个因素很重要,这个因素就是运算。因为在任意一种数的允许范围之内,加、减、乘、除、乘方、开方等运算都不是任意进行的,而是有限制的。如在自然数范围内,加法、乘法运算能自由地进行,所以在只考虑加法、乘法运算的时候,只要自然数够用,就没有必要再考虑引进新数了。但若进行除法运算的时候,任意取两个自然数作除法的结果就不一定是自然数。例如,$1\div2$ 的结果就不是自然数,这时要想自由地进行除法运算,就必须引进新数,这个新数就是分数。在自然数与分数结合起来的更宽广的数的范围内加法、乘法、除法运算就可以自由地进行了。然而,在进行减法运算时,这个范围又狭窄了,因为不能用小数去减大数。例如,$3-5$,即使写出这个式子,也得不出答案。为了让这个式子也能有答案,就必须要想出 -2 这样的一个新数,也就是说,要自由地进行减法运算,就需要引进一种新数,这个新数就是负数。这样,数的范围扩大到0,正、负整数,正、负分数,即有理数时,加、减、乘、除运算才可以自由地进行。在有理数范围内，虽然能自由地进行加、减、乘、除运算，但对于乘方或开方运算来说就未必了，因为对于有的有理数来说，它的乘方或开方运算的结果不一定是有理数。如对于一个边长为 1 的正方形来说，假设它的对角线长为 x，那么由勾股定理我们知道 $x^2=2$，但在有理数范围内，我们根本找不出一个有理数 x，使它的平方满足这个等式，也根本找不出一个有理数 x，使得对 $x^2=2$ 开方后所得的等式 $x=\sqrt{2}$（这个式子是后来想出来的）仍成立。所以，要想使乘方或开方能自由地进行，就必须引进新数，这个新数就是无理数。这样，数的范围就继续扩大到了有理数、无理数，即实数了，这时加、减、乘、除、乘方、开方运算就可以自由地进行了。在实数范围内，虽然加、减、乘、除、乘方、开方运算可以自由地进行，但有时也会遇到新的问题，例如，对于方程 $x^2=-1$ 来说，我们无论是用乘方运算还是用开方运算，都无法找到一个实数 x，使得它满足这个等式，因为在实数范围内，所有实数的平方都大于或等于 0。因此，要想使乘方或开方运算能自由地进行，就必须引进新数，这个新数就是虚数 i。这样，数的范围又继续扩大到实数、虚数，即复数了。

数的发展就是这样，即由简单到复杂，由低级到高级，由具体到抽象。由最初的自然数开始，一步一步地发展到了现在的复数。那么，在复数的范围内，虚数 i 到底是什么呢？它是一个数吗？如果是数，它是一个什么数？如果不是数，那么它又是什么呢？对于这些问题，可以说很让人纠结，因为这些问题实在是太难以回答了。当然，也有人会毫不犹豫地回答它是 -1 的平方根，因为老师就是这样讲的；也有人会说它是一种“虚幻的数”，他们的理由是，因为它是相对实数而言的。事实果真是这样的吗？对此，我们先看一个事例。

8.2　i 的含义

如图 8-1 所示，-1 和 $+1$ 分别是一个实数轴上的两个反向的点。假设这个数轴的正向部分可以绕原点旋转。现在把这个数轴的正向部分按逆时针方向旋转 180°，那么＋1 就会变成－1，如图 8-2 所示。

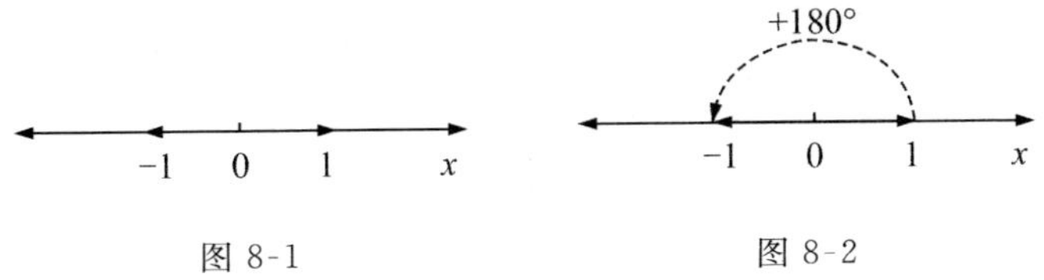

图 8-1　　图 8-2

这相当于逆时针旋转 90°两次，如图 8-3 所示。

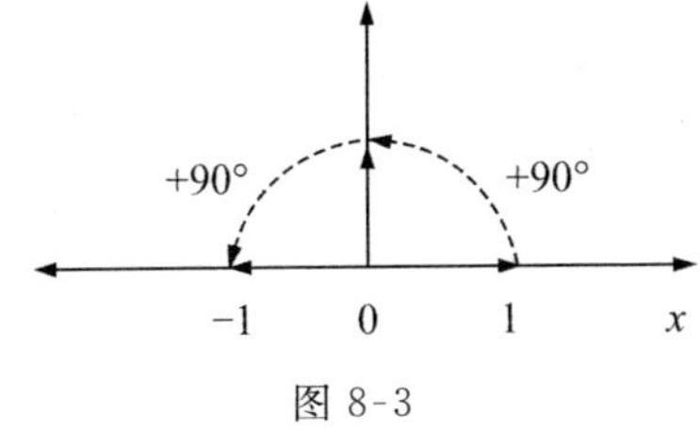

图 8-3

因此，我们可以得到这样的关系式：(逆时针旋转 90°)×(逆时针旋转 90°)×(＋1)＝－1，即(逆时针旋转 90°)^2＝－1。如果将“逆时针旋转 90°”记为 i，则 $i^2=-1$，这个式子就是我们所熟悉的虚数定义。

说到这里，我们就知道原来虚数 i 既不是－1 的平方根，也不是什么“虚幻的数”，而是一个按逆时针方向旋转了 90°的旋转量。并且在 i 的旋转过程中，i 的旋转次数决定着它对 1 的变换结果，而且 i 的旋转次数对 1 的变换结果具有规律性。为了更好地了解这一情况，我们不妨把上面所提到的由实数轴转动时所形成的平面进行完善。具体方法是：把实数轴所在的水平位置看作实数轴，把实数轴所在的垂直位置看作虚数轴，把两轴所成的交点看作原点，建立一个平面直角坐标系，并把它称为复平面，如图 8-4 所示。在这个复平面上，按逆时针方向，以 90°为一个单位，对 1 进行旋转。通过旋转，我们就可以得到如下结论：

$i=1$(当 i 没有旋转)

$i=i$(当 i 旋转了 1 次)

$i^2=-1$(当 i 旋转了 2 次)

$i^3=i^2\times i=-1\times i=-i$(当 i 旋转了 3 次)

$i^4=i^2\times i^2=(-1)\times(-1)=1$（当 i 旋转了 4 次）

$i^5=i^4\times i=i$（当 i 旋转了 5 次）

……

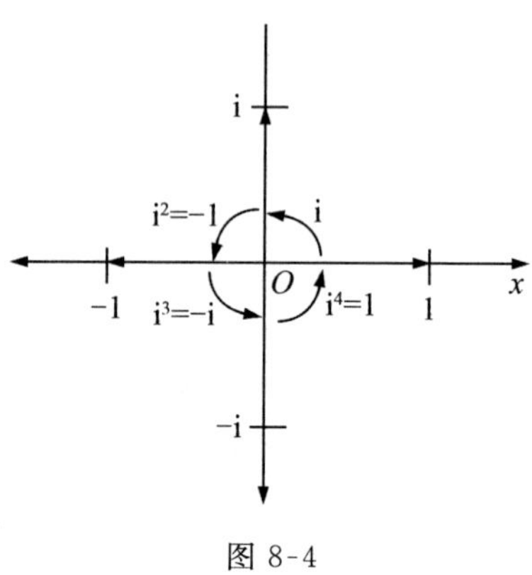

图 8-4

由于这种旋转每一次都是按逆时针转动 90°，所以转动后的 +1 点要么落在实数轴上，要么落在虚数轴上，因此用 i 来表示的结果要么为 +1 或 −1，要么为 +i 或 −i。

下面我们再来看，对于在实数轴上的任意一个正实数点，不把它按逆时针 90°的方向转动，而是以任意方向、任意的角度转动，这时怎样用 i 表示它的转动结果呢？由于这个正实数点以任意的方向、任意的角度转动，所以它转动后的点就有可能落在某一象限或者数轴上。假设这个点是正实数 a，它转动后的点就有可能落在某一数轴上，如实数轴或虚数轴，也有可能落在某一象限中，如第一象限或第四象限等。若它落在了数轴上，那么由上面的推导我们可以知道，这时用 i 表示的结果要么为 $+a$ 或 $-a$，要么为 $+ai$ 或 $-ai$。若它落在了某一象限内，这时这个实数点就变成了一组有序实数对，假设这个有序实数对为 (x,y)，那么 x、y 就分别是这个点的横坐标和纵坐标。那么，怎样用 i 来表示这个点呢？显然之前的方法不能用了，这就要求建立一种新的方法。在复数的发展过程中，高斯解决了这类问题，他的方法是用“+”把点 (x,y) 的横坐标 x 与纵坐标 y 乘 i 以后连接起来，然后用所得到的式子 $x+yi$ 来表示点

(x,y)，并记 $z=x+y\mathrm{i}$ 为点 (x,y) 所对应的复数，从而就有了我们现在的复数。其中，x 称为复数 z 的实部，y 称为复数 z 的虚部，点 (x,y) 到原点 $(0,0)$ 的距离称为复数 z 的模，记为 $|z|$，且 $|z|=\sqrt{x^2+y^2}$。角 θ 称为复数 z 的辐角，表示 a 在复平面上旋转的角度，且

$$\theta=\begin{cases}\arctan\left(\dfrac{y}{x}\right), & x>0,\\ \pm\dfrac{\pi}{2}, & x=0,y\neq0,\\ \arctan\left(\dfrac{y}{x}\right)+\pi, & x<0,y>0,\\ \arctan\left(\dfrac{y}{x}\right)-\pi, & x<0,y<0,\\ \pi, & x<0,y=0。\end{cases} \tag{8-1}$$

以上就是把实数轴上的一个任意正实数点 a，以任意方向、任意角度转动以后，所得结果关于 i 的一个基本情况，当然，这个结果也是用 i 来表示的。那么复数 $x+y\mathrm{i}$ 表示的是什么意思呢？在复平面上，显然它表示的是一条有向线段或者向量。这个有向线段或者向量的起点为原点 $(0,0)$，终点为 (x,y)，大小为 $|a|=\sqrt{x^2+y^2}$，倾斜角是 θ。当然，它也可以被看作是把一个起点为原点 $(0,0)$、终点为 $(a,0)$ 的有向线段或者向量，围绕着原点旋转了 θ 后的结果。而对于一个形如 $(t-x)^2=-y^2\,(y>0)$ 的方程来说，它表示的则是这个方程在复数范围内的解或者根。因此，当我们看到一个复数，例如 $z=3+4\mathrm{i}$ 时，我们就应该知道，它是方程 $(t-3)^2=-4^2$ 在复数范围内的解或者根。当然，我们也应该知道这个解或者根反映在复平面上的话，是复平面上的一条有向线段或者向量，这个有向线段或者向量的起点为原点 $(0,0)$，终点为 $(3,4)$，大小为 $|z|=5$，倾斜角是 $\arctan\dfrac{4}{3}$。当然，我们还可以把它看作是在复平面上，把原来在实数轴上的点 $+5$ 旋转了 $\arctan\dfrac{4}{3}$ 后的状态。另外，从复数与有向线段

或者向量之间的关系来看，对于复数 $z=3+4\mathrm{i}$ 来说，它的实部就是它所对应的点 $A(3,4)$ 的横坐标，虚部则是它所对应的点 $A(3,4)$ 的纵坐标，它的模则是有向线段或者说向量 $\overrightarrow{OA}$ 的长度，辐角是有向线段或者向量 $\overrightarrow{OA}$ 的倾斜角 $\arctan\dfrac{4}{3}$。$3+4\mathrm{i}$ 既是方程 $(t-3)^2=-4^2$ 在复数范围内解的代数表达形式，也是它所对应的向量 $\overrightarrow{OA}$ 在复平面上的几何表达形式。此外，由于直角坐标系中的向量也可由极坐标来表示，因此，任何一个复数 $x+y\mathrm{i}$，都可以改写成旋转半径为 r、横轴夹角为 θ 的极坐标形式，即 $x+y\mathrm{i}=r(\cos\theta+\mathrm{i}\sin\theta)$。

由此可见，i 的引入，不仅解决了乘方或开方运算在实数范围内不可行的问题，而且还把数的概念由原来的实数发展成了现在的复数，并使乘方或开方运算在复数范围内能自由地进行。对于在实数范围内不可解的方程问题，通过对 i 的引进，不仅使方程在复数范围内能够有解，而且还给出了解的条件和相应的解释。例如，对于前面提到的方程 $x^2=-1$ 来说，根据它所给的条件 $\mathrm{i}^2=-1$，我们就可以把 $x^2=-1$ 转化成 $x^2=\mathrm{i}^2$，然后再通过开方运算就可得到 $x=\pm\mathrm{i}$。$x=\pm\mathrm{i}$ 就是方程 $x^2=-1$ 在复平面上的解或者根，在复平面上，它表示的是一个长度大小为 1、方向为 $\pm90°$ 的有向线段或者向量。

综上所述，我们可以看出，所谓的 i，它既不是一个数，也不是 -1 的平方根，即 $\mathrm{i}^2=-1$，更不是一个虚幻的数，而是一个实实在在的存在——一个既有大小，又有方向的旋转量，即一种旋转变换。那么它的作用是什么呢？显然有两方面：一方面，它可以把一个数由一种状态变换成另一种状态；另一方面，通过它还可以把变换之后的数表示出来。例如，对于复平面上的任意一个复数 $a+b\mathrm{i}$ 来说，显然，当 $b=0$ 时，它就是一个实数；当 $a=0$ 时，它就是一个纯虚数。如果我们要改变一下它的状态，只要用一下 i 就可以做到了。例如，我们要得到 $-b+a\mathrm{i}$，只要把 $a+b\mathrm{i}$ 逆时针旋转 $90°$ 就可以了。这个 $-b+a\mathrm{i}$ 就是 i 把 $a+b\mathrm{i}$ 由一个状态变换成的另一个状态，并用 i 表示的结果。当然，在实际操作中，我们是将 $a+b\mathrm{i}$ 乘以 i 以后做到的。事实上，在17世纪，笛卡儿在研究方程 $x^2=-1$ 的解时发现，在现实世界的所有数中，根本找不到一个实数使它满足这个方程，即没有一个实数能使它的二次方为负数。怎么办呢？为了解决这个问题，于是他就令 $i^2=-1$，然后用 $x=\pm i$ 来表示这个方程的解，其中 $i=\sqrt{-1}$。当时他称这个数为"imaginary numbers"，意思是说它是一个想象的数，即它是相对实数而言的一个虚幻的数，简称"虚数"，其中的i是"imaginary"的首字母。这就是最早对虚数的认识和对它的命名缘由。不过，在当时人们并不接受这种解释，因为在他们的认识中，这种所谓的使偶指数幂为负数的数是根本不存在的。即使是当高斯把i引入到了复平面，并创立了复数以后，在很长的一段时间里，也没有改变人们这种根深蒂固的观念。直到19世纪以后，随着对复数研究的不断深入，人们才逐渐看清了i的真实面目。不过这都是后话了，但不论怎么说，正是由于i的发明，才建立了今天的数系系统——复数，以及与其有关的一系列理论和方法，从而解决了许多在数学、物理、工程、电学，以及人工智能等方面的问题。特别是在对i的发现过程中，人们看到了哲学的身影，正是基于哲学的这个身影，人们才在对实数的否定的否定过程中，有了对虚数的肯定，这个哲学的身影就是否定之否定规律。其方法是，把实数看作一种一维的存在，把复数看作一种二维的存在，然后通过升维，使在低维中不能看到的事物，在高维中实现了它的意义和价值。这使得人类在对数学的研究历史上，既实现了一次认识论上的突破，也实现了一次方法论上的突破。

9 定义是命题吗

9.1 问题的提出

在日常生活与实际教学中，经常会遇到这样一些问题：我们似乎知道它们之间存在着某种联系，但又搞不清楚；我们似乎明白它们是什么，但又不明白；我们似乎很熟悉它们，但实际上又不熟悉。那这是一些什么样的问题呢？这是一些与逻辑学有关的问题，准确地说是与数理逻辑有关的问题。

说起逻辑，可以说我们并不陌生。从小学到初中，从初中到高中，再从高中到大学，我们一直都在学习它，应用它，但又从来都没有系统地学习过它，更很少坐下来认真地研究过它。但是老师在教授知识时，不论是中小学时，还是大学时，乃至于研究生时，总是默认我们都知道。好像我们都是与生俱来的天才，不学就会，而且还形成了一种连锁反应。我们的老师是这样，我们的老师的老师也是这样，我们呢就不用说了。问题还不止于此，再接下来的就是，我们本来就不是很明白，但还得教我们的学生，我们的学生也不是很明白，将来他们当了老师以后，还像我们现在这样教他们的学生，这种现象还这样一代又一代地重复着。对此，我们不妨看一个实例，即“两点之间线段最短”。你说它是定义，还是命题？你可能马上就会说，它是命题，而不是定义，因为它是公理，是著名的线段公理。不错，它是公理，当然是命题。因为，在你的认知里，定义与命题泾渭分明，二者根本不是同一回事，因为二者是完全不同的两个概念。那么事实果真是这样的吗？我们不妨探讨一下。

9.2　命题的分类与界定

我们知道，命题的内容涵盖面非常广泛，它不仅包括数学中的公理、定理、公式、推论、法则，而且还包括哲学、自然科学、社会学、语言学、逻辑学中的各种理论、推论、论断、判断、断言、结论等。命题的分类也很丰富，根据不同的分类标准，命题可以分为很多不同的种类。例如，依据命题的正确与否，可将其分为真命题与假命题；依据命题是否包含其他的命题，可将其分为简单命题与复合命题；依据命题的主谓项之间的关系，可将其分为直言命题、假言命题和选言命题；依据命题的质的不同，可将其分为肯定命题、否定命题和无限命题；依据命题的量的不同，可将其分为全称命题、存在量词命题、单称命题；依据命题模态词的不同，可将其分为或然命题、实然命题、必然命题；依据命题条件和结论的关系，可将其分为原命题、逆命题、否命题和逆否命题；依据命题是否为欧几里得的《几何原本》中的命题，可将其分为欧氏几何命题与非欧氏几何命题；依据研究的对象是形还是数，又可将其分为几何命题与代数命题。

对命题的界定也很多。例如，命题是有真有假的句子，命题是通过语句来反映事物情况的思维形式，命题是陈述句所表达的意义，命题是陈述句的语义内容，命题是用直陈句表达的有真假的思想，等等。对命题的界定，虽然有很多，但不是无规可循。若从对命题的理解角度来看，可大致将其分为以下两类：一类是所谓的传统界定，即把命题界定为某些有真有假的句子。这一界定的主要代表人物是亚里士多德，他认为："并非任何句子都是命题，只有那些自身或者是真实的或者是虚假的句子才是命题。"①另一类是所谓的现

① 苗力田.亚里士多德全集：第1卷[M].北京：中国人民大学出版社，1990：52.

代界定,即把命题界定为语句的意义。这一界定的主要代表人物是弗雷格,他认为陈述句的意义或含义就是命题。[①] 此外,还有两类界定很具有代表性:一类是从言语行为理论出发对命题作的界定,他们认为命题是不同语气的语句所要表达的共同内容。这个共同的内容不是这些语句本身,而是它们所要表达的东西,这个东西是所有能够使用语言的人都能读懂的,且这些东西有真有假,但它们不是确定一个命题真假的唯一标准,命题使用者的思想、态度和行为,以及命题自身的实际情况等也能影响命题的真假。另一类是以可能世界语义学为基础对命题作的界定,他们认为命题是一个从可能世界到真值的函项。即他们把命题看作一种从一个可能世界的集合到一个真值集合的函数。对可能世界的种种哲学理解的语句组成的集合就是这个函数的定义域,真值集合就是这个函数的值域,它只有真和假两个值。这样对于定义域中的任意一个可能世界,在值域中都有唯一一个函数(命题)值与之对应,这个值要么为真值,要么为假值。也就是说,如果把可能世界看作各种各样的语句,那么就可以把命题看作:明白了一个句子说了些什么,就知道它在什么情况(可能世界)下为真,什么情况(可能世界)下为假。在这几类对命题的界定中,其中以亚里士多德为代表所给出的那一类所谓的传统界定,历史最为悠久,影响最为深远,被采纳度也最高。目前,在几乎所有的教材以及有关的逻辑学著作中,对命题的界定都采纳了他的传统界定方法。如在数学中,对命题的界定为:一般把判断某一件事情的陈述句叫作命题。其中,在初中数学中把判断一件事情的句子叫作命题,在高中数学中把可以判断真假的语句叫作命题。

---

① 周文华.命题的一个新定义与命题的同一性问题[J].云南大学学报(社会科学版),2016,15(4):50.

9.3 定义的界定现状及判别

9.3.1 定义的界定现状

我们都知道,定义是一个多义词,在不同语言环境下,它所具有的词性、含义和语法功能等都是不同的。例如,同是定义一词,如果把它看作一个名词,并把它放在名词语境下使用的话,那么这时它的含义是指已作的界定,即它是一个已经给某一事物作出的界定。在这个界定中,它告诉人们这一事物是什么,而且它还可以用多种形式来表达。例如,我们称含有未知数的等式为方程;方程是含有未知数的等式;所谓方程就是这样的一类等式,它除了具备一般等式的特征之外,它还必须含有未知数;我们把含有未知数的等式定义为方程;什么是方程,就是含有未知数的等式;如果一个等式含有未知数,那么我们就把这个等式叫方程;一个等式叫作方程,当且仅当它含有未知数,等等。这个界定是人们对这一事物的认识的总结和概括。通过这个界定,我们就可以知道这一事物是什么以及如何判别这一事物。如果把它看作一个动词,并把它放在动词语境下来使用的话,那么这时它的含义是指去作界定,即给某事物去作一个界定。换句话说,一开始我们不知道这一事物是什么,但还想要知道它,还要去给它作一个界定。这样,我们就需要去研究它、分析它,看它是一种什么东西以及它都具有哪些属性,然后根据对它的认识对它作出一个界定。例如,假设我们并不知道什么是无理数,但还想要认识它,然后还要给它作出一个界定。于是我们就研究它、分析它,经过研究和分析之后我们发现,它是一种小数,而且与其他的小数相比,它有两个显著的特点:一个是它具有无限性,另一个是它不循环。这样,根据这些认识,我们就可以给它作出一个界定,即所谓无理数就是指无限不循环的小数。这个界定是人们对这一事物的一种认识和判断行为,是对这一事物本质的一种探索活动。通过这种探索活动，我们知道这一事物它是怎么来的，为什么要把它叫作这一事物。因此，在具体的语言环境下，把定义当作动词还是名词来使用是非常有讲究的。

但是，现行的教材、逻辑学著作以及有关的文章中所给出的对定义的界定，却并不注意这一问题。这样，在这些对定义的界定中，就有许多界定，在对定义一词的使用上很不严谨，而且有的还存在一些科学性问题。例如，定义是揭示概念内涵的逻辑方法，且通常是用简短的语句来表达。[①] 在这个对定义的界定中，它显然是把定义当作一个动词来使用的，并明确地指出定义就是揭示概念内涵的逻辑方法，但没有给出把定义作为名词时的含义。此外，它只给出了定义与概念的内涵之间的关系，却没有提到定义与概念的外延之间的关系。再例如，定义是描述一个概念区别于其他相关概念的表述。在这个对定义的界定中，它明显是把定义作为一个名词来使用的，并指出此时的定义就是描述一个概念区别于其他相关概念的表述，但对于定义是动词的情况没有涉及。此外，在整个界定过程中，虽然它也提到了概念，却省去了一个重要的环节，即没有指出定义与概念的内涵和外延之间的关系是什么。再例如，所谓下定义，就是用准确、简练、概括的语言说明事物的本质特征。[②] 在这个对定义的界定中，它在定义之前特意加上一个“下”字，显然是有意地告诉人们，这个定义是区别于名词的动词定义，但殊不知下定义的本质就是定义某概念，它与定义的动词含义，或把定义作为一个动词来使用是等价的。即同是一回事，可它还要在定义之前加一个“下”字，不知何意，这样就使我们感到很困惑。其一，我们读不懂这些界定中的定义所指，即这些定义是指向它的哪个词义的；其二，我们确定了定义所指，但又搞不清楚在这么多的界定中，哪一个才算是对定义的真正界定。

---

① 中国人民大学哲学系逻辑教研室.逻辑学[M].北京：人民大学出版社，1996：5.

② 曾树银.如何区分下定义与作诠释[J].南京师范大学文学院学报，1999(6)：1.

9.3.2 定义的界定判别

事实上,一个严谨的、科学的,而且符合界定规则的具有一定学术水平的定义,不应该是这样的,至少它会对定义词义的不同方面都有所考虑。这样的话,也就不会出现这种令人费解的局面了。当然,我们还是希望最好能用一个简洁生动的案例,使用通俗易懂的语言,把这一问题交代清楚。这样,我们就不至于像现在这样,绞尽了脑汁,也不过是一知半解,而是很容易地就能读懂其意,抓住要点,并留下深刻的印象。对此,我们非常有必要梳理一下这一问题,并在此基础上进一步搞清楚对定义的界定问题。其实,要搞清对定义的界定问题,并不是一件多难的事情,关键是能不能抓住本质。这个本质就是已定和去定。已定就是指对某事物已经作出的界定,去定就是指去给某事物作一个界定。这样,当我们再去界定一个定义是指向它的哪一个词义时就容易了。例如,若它指向的是对定义的名词界定,那么这个界定就是已经给某一事物作出的界定;若它指向的是对定义的动词界定,那么这个界定就是去给某一事物作界定。当我们搞清了定义在不同语境下的词义和界定之后,至于在两种界定中,究竟哪一种才算是对定义的真正界定,在此时也就无关紧要了,同时我们再去探讨与定义有关的问题也就方便多了。

9.4 概念的获取

我们知道,概念是构成一个语句的最基本要素,而语句是进行交流和表达的最基本工具。概念还是构成逻辑思维的最基本元素,而逻辑思维又是形成人的理性思维不可缺少的条件。因此,无论是进行交流与表达,还是形成人的理性思维,都离不开概念,特别是对于概念的深刻理解与有效运用。而要做到对概念有深刻的理解并且进行有效的运用,就离不开对概念的获取。获取概念的方式很多,其中有两种必不可少:一种是直接学习概念,另一种则是间接学习概念。

9.4.1 直接学习概念

直接学习概念,就是指直接学习它的定义。这个定义就是对这个概念定义的名词界定。学习时,只要根据界定中所给出的信息,搞清楚这个概念的内涵和外延,并能对这个概念进行有效的识别与运用就可以了。由于这一学习过程是将新概念与原有认知结构中的有关概念结合在一起,并促使它们彼此之间发生作用,且在这种发生作用的过程中,完成对新概念在意义上的同化,从而实现对新概念的获取,因此,这一学习过程又被称为对概念的同化。

对概念的同化主要有三种基本形式,即上位学习、下位学习和并列学习。① 上位学习也称总结学习,是指在认知结构中原有的几个观念的基础上学习一个包容程度更高的命题。例如,在学过正方体、长方体的体积计算公式以后,再学习一般柱体的体积计算公式就属于上位学习。下位学习又称类属学习,是指将概括程度或包含程度较低的新概念或命题归属到认知结构中已有的、概括程度或包含程度更高的适当概念或命题之下的学习,从而获得新概念或新命题的意义。例如,在学过函数的概念以后,再学习一次函数的概念、二次函数的概念就属于下位学习。并列学习是指对既没有上下位关系,也没有类属关系,但却有着某些共同的关键特征的概念的学习。例如,学习三角形与学习角度,学习函数与学习概率统计等,都属于并列学习的范畴。但不论怎样,要想通过对概念的同化获得概念,一般都离不开以下几个环节:

(1)出示概念,揭示本质。如我们要学习一元二次函数的概念,首先我们要给出它的定义,即形如 $y=ax^2+bx+c$(a、b、c 是常数,$a\neq 0$)的函数叫一元二次函数。然后揭示它都具有什么特点、特征,

① 郑长龙,周仕东.中学化学教学设计的理论与实践[M].长春:东北师范大学出版社,2001:123.

以及对它都作了什么规定、限制等。

(2)讨论特例。即对概念进行特殊的分类,然后通过对特例的讨论、比较、分析,进一步认识新概念。如二次函数的特例有 $y=ax^2$,$y=ax^2+bx$,$y=ax^2+c$。

(3)新旧概念联系。通过实例辨认,将新概念与旧概念相区分,并将新概念纳入原有的概念系统中,同化新概念,从而完善认知结构。如把二次函数与之前学习的一次函数,正、反比例函数等联系起来,并把它纳入函数概念的体系中。

(4)实例辨认。即辨认正例、反例,并把新概念从原有认知结构中的旧概念体系中分离出来,进一步明确新概念的内涵与外延。

(5)具体运用。通过各种形式对概念加以运用,加深对概念的理解,使有关概念融会贯通,构成整体结构。

9.4.2 间接学习概念

间接学习概念,是指先学习概念的形成过程,再学习这个概念。它与直接学习概念有着明显的不同:直接学习概念是直接就学习概念的定义,而间接学习概念则不是,它做了一个迂回。它是先学习给一个概念作界定,再学习这个概念。换句话说,它不是学习那些已经界定好了的概念,而是学习那些还没有作界定,但需要作界定的概念,并在这个作界定的过程中学习这些概念。这实际上就相当于学习对这个概念的动词界定。这种学习过程,一般都要经历以下几个基本环节:

(1)观察实例。即观察概念的各种不同的正面实例,这些实例可以是日常生活中的事物或经验,也可以是老师上课时提供的典型事例。如要学习平行线的概念,可以观察黑板上相对的两条边、立在路边的两根电线杆、横格练习本上的两条横线等。

(2)分析共同属性。分析所观察实例的属性,通过比较得出各实例的共同属性。如分析所观察各个实例所具有的属性,比较得出它们的共同属性:两条直线,在同一平面内,两条直线间的距离处处相等,两条直线不相交,两条直线可以向两边无限延伸等。

(3)抽象本质属性。即从共同属性中提出本质属性的假设。如提出平行线的本质属性的假设是:在同一平面内,两条直线间的距离处处相等,两条直线不相交。

(4)确认本质属性。通过比较正例和反例检验假设,确认本质属性。如举出平行直线、相交直线和异面直线的例子,确认平行线的本质属性。

(5)概括定义。在验证假设的基础上,从具体实例中抽象出本质属性,推广到一切同类事物,概括出概念的定义。如可以概括出"在同一平面内,不相交的两条直线叫作平行线"。

(6)符号表示。用习惯的形式符号表示概念。如平行线用符号"//"表示。

(7)具体应用。通过举出概念的实例,在一类事物中辨认出概念,或运用概念解答数学问题,使新概念与已有认知结构中的相关概念建立起牢固的实质性联系,把所学的概念纳入相应的概念体系中。

9.5 对定义的动词界定

对定义的动词界定,指的就是定义概念。在逻辑学上有专门的研究,而且研究方法很多,依据分类标准的不同,可分为内涵式与外延式定义、构造性定义、递归定义等。

9.5.1 内涵式定义

这是从内涵方面来定义概念的一种方法。例如,至少有两边相等的三角形是等腰三角形;在一次随机试验中,若事件 A 与事件 B 不能同时发生,则称事件 A 与 B 为互斥事件或不相容事件;中位数又称中值,为统计学中的专有名词,是按顺序排列的一组数据中居于中间位置的数,它代表一个样本、种群或概率分布中的一个数值,其可将数值集合划分为相等的上下两部分。对于有限的数集,可以通过把所有观察值按高低排序后找出正中间的一个数作为中位数。

如果观察值有偶数个，通常取最中间的两个数值的平均数作为中位数。

在内涵式定义中，类差定义是最为常见的一种形式。类差定义又称传统定义，它最早是由亚里士多德提出的，所以又被叫作亚里士多德式定义。它的具体做法是：先找出把被定义的概念作为次类的一个总类，然后再区别出这一次类在这个总类中与其他次类之间所存在的质的差异(类差)，最后通过公式“被定义的概念＝类差＋总类”给出这个概念的界定。例如，要给平行四边形这个概念下定义，首先我们就要找出把平行四边形作为次类以后，它所隶属的总类——四边形；然后再找出在总类四边形中，平行四边形与其他次类之间的差异(类差)，即两组对边分别平行；最后通过公式对这个平行四边形作出界定，即平行四边形是两组对边分别平行的四边形。由于这种定义能同时把概念的内涵和外延都揭示出来，因此，它还被视为一种最为完备的定义。目前，这种定义已演化出了许多变式，如属加种差定义、真实定义、事实定义等。这些变式虽然在名称上各不相同，但在本质上都一样。此外，由于类差定义主要是利用类差来定义概念，而类差涉及的情况包罗万象、千差万别，因此，根据类差的不同，可以把类差定义进一步划分为一些更为具体的定义。例如：

(1)特性式定义。这是一种以被定义概念所具有的特性为类差的定义。如向量是一种具有大小和方向的线段。

(2)功用定义。这是一种以被定义概念所具有的功用为类差的定义。如算盘是一种计算数目的工具，它有框、梁、档、珠(分上珠、下珠、顶珠、底珠)，上珠一颗代表5，下珠一颗代表1，常见的算盘上珠有两颗，下珠有四颗，计算时把珠按数目多少和口诀拨向梁。

(3)关系定义。这是一种以被定义概念与另一概念之间的关系作为类差的定义。如偶数是能被2整除的整数。

(4)发生式定义。这是一种以被定义概念是怎样产生或形成的情况为类差的定义。如圆是一动点以等距离绕一定点旋转一周而形成的一条封闭曲线。

由以上定义可以看出，使用类差定义的关键是找出类差。如果能找出类差，则可用类差定义；否则就不能使用，这时就要考虑采取其他的方法。

9.5.2 外延式定义

这是从外延方面来定义概念的一种方法。例如，复数是实数和虚数的总称。外延式定义，也称作列举式定义。这种定义有时也用图示的形式来表示，如图 9-1 所示。

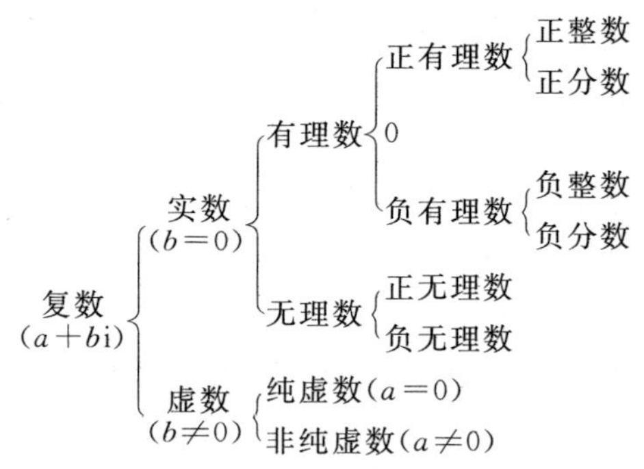

图 9-1 复数的外延式定义

常见的外延式定义主要有以下几种模式：

(1)并类。类 1＋类 2＋…＋类 n＝并类。如已知集合 $A=\{1,2,3\}$，$B=\{x\mid(x+1)(x-2)<0, x\in\mathbf{Z}\}$，则 $A\cup B=\{0,1,2,3\}$。

(2)交类。类 1×类 2×…×类 n＝交类。若集合 $M=\{-1,0,1\}$，$N=\{0,1,2\}$，则 $M\cap N=\{0,1\}$。

(3)差类。类 1－类 2＝差类。如集合 $U=\{1,2,3,4,5,6\}$，$T=\{2,3,4\}$，则 $\complement_U T=\{1,5,6\}$。

9.5.3 构造性定义

构造性定义指的是通过构造所要满足的一些条件，来定义概念的一种方法。例如，设函数 $f(x)$ 在区间 $(-\infty,+\infty)$ 上有定义，且满足：

(1)$f(x_1)\cdot f(x_2)=f(x_1+x_2)$;

(2)$\lim\limits_{x\to 0}\dfrac{f(x)-1}{x}=1$,

则称 $f(x)$ 为以 e 为底的指数函数,即 $f(x)=e^x$。

构造性定义有时也可用类似性定义给出。例如,形如$\dfrac{n}{m}$(m,n 是整数,且 $m\neq0$)的实数是有理数,形如 $\log_a x$($a>0$,且 $a\neq1$)的函数是对数函数。

9.5.4 递归定义

递归定义是一种通过给出需要满足的一组规则,来定义概念的一种方法。例如:

(1)0 是自然数。

(2)若 n 是自然数,则 $n'=n+1$ 也是自然数。

(3)只有由(1)和(2)生成的数才是自然数。

这就是由递归定义给出的自然数定义。在这里,(1)叫作基本规则,它无条件地肯定什么东西属于所定义的概念(0 是自然数);(2)叫作递归规则,它肯定当某某属于所定义的概念时,另一些满足(2)的生成关系的某某亦属于所定义的概念(若 n 是自然数,则 $n'=n+1$ 也是自然数);(3)叫作限制规则,它明确了只有由(1)和(2)所得到的某某属于所定义的概念,之外的就不属于所定义的概念(只有由(1)和(2)生成的数才是自然数)。因此,递归定义有时也叫归纳定义。

9.5.5 否定式定义

定义一般都是肯定式的。但也有些定义不能由肯定式给出。如有些概念,它们缺乏某种属性,但这种缺乏的属性恰恰又是它们所具有的特有属性,这时就可利用这些特有的属性来定义它们。例如,奇数是不能被 2 所整除的整数,无理数是指不是有理数的实数。特别地,否定式定义是类差定义中的一种。

9.5.6 公理化定义

公理化定义是通过某种规定来定义概念的一种方法。例如,在欧几里得所创作的《几何原本》中,对点、线、面的定义就是用这种方法给出的。再例如,在ZF公理系统中,对集合的定义也是用这种方法给出的。所不同的是,前者使用的是直接规定的形式,后者使用的是间接规定的形式。

9.5.7 实物定义

实物定义,又称直观释义或实指定义,是通过指定一个最具代表性的物件,来定义概念的一种方法。在教学中经常要用到这种定义方法。例如,给某人看菲尔兹奖的图片,来告诉他菲尔兹是什么意思;或者通过指定数个代表性的物件来定义概念,如给某人看数个不同的梯形,然后告诉他梯形是什么。

9.5.8 含义定义

含义定义是利用具有完全相同语义的另一个概念,来定义概念的一种方法。在定义概念时,有的被定义概念常常比较难懂,或者不太好理解。为此,我们可以找到另一个通俗易懂的,且与它具有完全相同语义关系的概念,作为定义概念解释这个被定义的概念,由于这两种概念具有相同的语义,所以我们就把这种定义概念的方法叫作含义定义。例如,正三角形即等边三角形,矢量即向量。

9.5.9 规约定义

在定义概念时,有时遇到的情况很特殊,如要被定义的概念是新概念或者它所处的情形很特殊,这时我们可以采用规约的形式来定义这个概念。如超越函数是函数分类中的一种,指的是“超出”代数函数范围的函数。常见的超越函数有指数函数、对数函数、无理指数的幂函数、三角函数、反三角函数等。

9.6 定义与命题的关系

由此可见,定义与命题之间并不是不存在关联,而是存在着一种特殊的关联。即定义包含于命题之中,它是命题的一部分,是命题的一种特殊情况。所不同的是,由于定义存在着词义之分,这样,对于定义的名词界定来说,它实际上就是命题,而且是真命题;对于定义的动词界定来说,它虽然还不是准命题,但它一旦被命制出来,也仍然是命题,且是真命题。因此,对于我们前面提到的关于"两点间线段最短"的问题的回答,即它是命题,不是定义的说法是不正确的。换句话说,"两点间线段最短",既是命题,也是定义。另外,我们认为的定义与命题泾渭分明,二者不是同一回事,即二者是完全不同的两个概念,也是不严谨的。

以上所举的事例,仅仅是我们前面所提到的那些逻辑问题中的其中一例,而这样的事例还有很多很多,且至今尚未解决。当然也有待于我们去探索,去发现。只有这样,我们才可能成为一个明白的教师,并明白地教会我们的学生,再让他们明白地去教他们的学生。

10 运算与计算一样吗

运算和计算是每一个人都应该具备的一项基本能力，特别是在21世纪的今天，它更是每一个人不可或缺的基本素养。但大多数教师对于什么是运算、什么是计算、运算与计算之间是什么关系等问题并不是很清楚。对此，我们特意对一些具有不同学历、教龄和职称的中小学教师进行了结构和半结构式访谈，并对以上条件和不同地区的教师进行了问卷调查。从访谈和问卷调查得到的统计结果来看，情况基本与我们的判断一样。即大多数人虽然能从外延方面简单地举出有关运算与计算的一些事例，但不能从内涵方面给出确定的界定。其中有75%以上的教师甚至认为，运算与计算一样，是同一个事物的不同表述，二者并没有什么区别，即认为二者是同义词。显然这些问题对于我们做好数学的教育教学研究工作，以及开展好课堂教学是非常不利的。

“运算”和“计算”是我们在日常生活和实际教学工作中经常提及的两个概念。那么我们应怎样认识这两个概念，又怎样处理这两个概念之间的关系呢？还有，在教运算时，我们应教什么呢？在教计算时，我们应教什么呢？在处理运算与计算之间的关系时，我们应怎样做才更恰当呢？我们不仅要让学生知道二者的内在联系，而且还要让他们知道二者的本质差别在哪儿。显然，这些问题是我们在进行数学的教育教学研究以及做好课堂教学时需要弄明白的。那么，什么是运算，什么是计算，运算与计算又是什么关系呢？

10.1　运　算

从目前可检索到的文献来看，运算一词最早出现在《史记·历书》之中。上面有着这样的记载："至今上即位，招致方士唐都，分其天部；而巴落下闳运算转历，然后日辰之变与夏正同。"[①]后来，在一些其他的文献中，对运算一词也有使用。例如，在《宋高僧传·义解二·唐中岳嵩阳寺一行》中的："于是运算毕，召净人戒之。"[②]在《醒世恒言·徐老仆义愤成家》中的："况且年近岁逼，家中必然悬望，不如回去，商议置买些田产，做了根本，将余下的再出来运算。"[③]在《逊庵先生家传》中的："岂忠与知不并行欤，抑出处成败要由运算有不自主者欤？"[④]这些文献中都提到了运算。显然，这些运算主要与"运算""运筹计算""犹运数"等有关。

现在的运算，主要是指在数学上，依照运算法则或者运算律，求出一个算题或算式的结果。也可以认为是一种行为，即通过已知量的可能组合，获得新量。例如，依照加法法则，求出算式 $5+3=8$ 就是一个运算，且是一个关于加法的运算。这种加法运算，也可看作是通过输入 5 和 3，然后对它们进行相加的组合，最后输出 8 的结果。运算的实质是集合与集合之间的一种映射。我们常见的一元运算，像绝对值、三角函数、反三角函数、逻辑非等，都是 $A\to B$ 形式的映射。常见的二元运算，像数与数之间的加、减、乘、除、乘方、开方、对数，集合与集合之间的交、并、补、差、笛卡儿积，逻辑且、逻辑或等，则是 $A\times B\to C$ 形式的映射。不同形式的映射有不同的定义。例如，在数学上对二元运算的映射定义是：假设 S 和 T 是集合，S 上

① 雷海宗.中国通史精读　上[M].高山整理.北京：新世界出版社，2017：284.

② 金沛霖.四库全书子部精要　下[M].天津：天津古籍出版社，1998：1101.

③ （明）冯梦龙.华夏古典小说分类阅读大系　醒世恒言[M].冯敏点注.北京：华夏出版社，2017：571.

④ 恽敬.大云山房文稿[M].国学整理社，1937：66.

的一个 T 值运算 R，就是指笛卡儿直积 $S\times S$ 到 T 的一个映射，也就是映射 $R:S\times S\to T$。以上运算，一般我们称之为代数运算。除此之外，还有许多其他的运算，比如开方运算、内积运算、导数运算、积分运算、微分运算、取整运算等等。此外，不论是代数运算，还是其他的运算，我们都可以把它们看成是“算子”的作用。所谓算子，就是指作用在运算元素上的函数符号。比如减法运算的算子就是减号（$-$），开方运算的算子就是根号（$\sqrt{\quad}$），导数运算的算子就是 $\mathrm{d}/\mathrm{d}x$，积分运算的算子就是积分号（$\int$）。

10.2 计 算

计算是一个多义词，有核算数目，根据已知量求出未知量以及考虑、谋虑等含义。在数学中，计算主要是指根据已知量，通过数学方法求出未知量。因此，它相当于一种包括数据、算子以及计算结果的计算方法。其表达式也常常有不同的形式，如代数式、方程、函数、行列式、微积分、数理统计的计算式，或者某一种算法。广义的计算，不仅包括数学计算、逻辑推理、数理统计、组合数学的置换、变量代换、图形（图象）的变换等，还包括图论的路径问题、网络安全、代数系统理论、上下文表示感知与推理、智能空间等，甚至包括数字系统设计（例如逻辑代数）、软件程序设计（文法）、机器人设计、建筑设计等。

10.3 运算与计算的区别及联系

关于什么是运算、什么是计算，在《现代汉语词典》和《新华汉语词典》中，也有明确的释义，且与数学中所指如出一辙。其中，在《现代汉语词典》中，对运算的释义是“依照数学法则，求出算题或算式的结果”；对计算的释义是“根据已知数通过数学方法求得未知数”。

在《新华汉语词典》中，对运算的释义是“依照数学法则，求出算题或算式的结果”；对计算的释义是“根据已知数通过数学方法求得未知数”。此外，英文词典也是这样。如在《牛津英汉双解大辞典》中，对运算(Operation)的释义是 the subjection of a number or quantity or function to process affecting its value or form, e.g. multiplication, differentiation(运算是按照程序求出数或量或函数的值或结构的操作，例如乘法运算、微分运算)；对计算(Calculate)的释义是 ascertain or determine beforehand, esp. by mathematics or by reckoning(计算是按照事先确定的方法，特别是数学方法或技术方法，得出或者确定结果)。[①]由此可见，运算与计算是不一样的，二者有着本质的差别。运算关注的是对运算法则、运算规律的执行问题，计算关注的是对计算方法、计算原理的运用问题。那么，我们应怎样看待在现实中所遇到的运算与计算呢？

其一，要搞清楚二者所指。运算所指，不仅有加、减、乘、除、乘方和开方这六种常见的初等代数运算，还有指数运算、对数运算、三角函数运算、向量运算、微分运算、积分运算等。而计算所指主要是数学方法或技术方法，即在有限步骤内求解某一问题时，所使用的一组定义明确的规定或规则。这个数学方法或技术方法就相当于计算机的一个解题过程。在这个解题过程中，无论是形成的解题思路还是编写的程序，都是在实施某种数学方法或技术方法。前者是推理实现的数学方法或技术方法，后者是操作实现的数学方法或技术方法。一个数学方法或技术方法应该具有以下五个重要的特征。(1)有穷性：一个数学方法或技术方法必须保证执行有限步骤之后就结束。(2)确切性：数学方法或技术方法的每一步骤必须有确切的定义。(3)输入：一个数学方法或技术方法有0个或多个输入，以刻画运算对象的初始情况。所谓0个输入，是指算法本身确定了初始条件。(4)输出：一个数学方法或技术方法有一个或多个输出，以反映对输入数据加工后的结果。没有输出的数学方法或技术方法

① 孙宏安.谈数学运算[J].中学数学教学参考，2017(7)：2-5.

是毫无意义的。(5)可行性:数学方法或技术方法中执行的任何计算步骤都可以被分解为基本的可执行的操作步骤,即每个计算步骤都可以在有限时间内完成。

其二,要搞清楚二者之间的关系。由以上分析我们可以看出,运算是指对某一个运算对象,依据一定的运算法则或者运算规律,执行某一个具体的操作或者处理,从而得出一个算题或算式的结果。而计算除了能履行运算的职能之外,它还具有另一种职能,这种职能就是数学方法或技术方法。这个数学方法或技术方法可以达到计算所要求出未知量的目的。而要使计算具有数学方法或技术方法的职能,就需要解决这样一个问题,即对数学方法或技术方法所需要的数据、算子等进行有效的处理。换句话说,需要设计出一种由一组定义明确的规则决定的有限步骤的运算。这样,我们就不难理解了。原来,运算不过是计算在某一个步骤上的具体操作或者处理,而计算则是由若干个这样的具体操作或者处理构成,按照某种规则形成的有限运算。当计算涉及的数学方法或技术方法只包含一元或二元运算时,计算与运算就没有什么差别了,但是当计算涉及的数学方法或技术方法很复杂时,两者之间的差别就比较明显了,可以说是越复杂,计算与运算的差别就越明显。正如上所言,这时,计算的真正意义就是为了解决某一问题而人为设计的一种对数据、算子等的处理。在这个处理过程中,无论是人还是机器,只要按照它事先给出的规定或规则去操作,就可以解决所要解决的问题。例如,为了求两个数的最大公约数,我们就可以设计出一种计算(即数学方法或技术方法),然后通过这个数学方法或技术方法,求出两个数的最大公约数。这样我们就很容易搞清楚什么是运算,什么是计算,运算与运算规律、运算法则是什么关系,计算与计算方法、计算原理是什么关系。通俗一点说,运算是一种映射,通过它把一些数、数据,或其他的事物,变成了相应的象;计算则是一种处理,通过它把一个问题的解决变成了一种可行的解决方法。在数学中,这种处理表现为某一解法。这样,再回到文章开头时所提到的若干问题时,我们再回答它们也就不难了。当然,到此我们也就不难理解了，为什么在数学上会有所谓算术与算法、计算数学与计算方法之分，因为它们都有各自的属性与范畴。因此，它们是不可互换的。同理，运算与计算也是这样。

其三，要搞清楚二者在我们日常教学与日常生活中的关系。在日常教学与日常生活中，我们实际上是把二者混在一起使用，对二者并没有作什么严格的区分。也就是说，我们有时干脆就把运算当作计算使用，或者把计算当作运算使用，即把二者视为同一概念意义下的两种术语表示，而且这样的情况，不仅在教材中可见，甚至在大纲或课标中也是处处可见。这也并不是没有道理的，正如上所述，当计算涉及的计算很简单时，即只包含一元或二元运算时，计算与运算之间并没有多大的差别，但是当计算涉及的数学方法或技术方法很复杂时，计算与运算的差别就大了，二者根本不是一回事。特别地，这时的计算不仅拥有强大的处理功能，而且在问题的解决上，也是别具一格、独具匠心，它是将数学的方法与数学的原理通过人类所特有的智慧结合在一起的一种综合创造的产物。因此，在教学时，我们要注意区分它们，即在什么情况下使用运算这一术语，在什么情况下使用计算这一术语，并在适当的条件下，通过具体的问题，让学生理解什么是运算，什么是计算，以及二者的区别与联系等。例如，在解题时我们要分析解题思路，这是为什么？它与计算是什么关系？在解题过程中我们要简化解题步骤，这是为什么？它与运算是什么关系？

总之，运算和计算虽然都是数学中最基本的概念，但是它们是有区别的，不能在任何场合下都视为同一概念。特别是在需要解决复杂的问题时，它们的差别就太大了。而正是这种差别，才使得计算变得从没有像今天这样重要过。它使得天文学家有能力通过计算机来分析太空脉冲、星位移动；生物学家有能力通过计算机来模拟蛋白质的折叠过程，并发现基因组的排序奥秘；药物学家有能力通过计算机来研制治愈癌症或各类细菌与病毒的药物；医学家有能力通过计算机来研制防止衰老的新办法；数学家有能力通过计算机来计算最大的质数和圆周率的更精确值；经济学家有能力通过计算机来分析计算在几万种因素影响下某个企业/城市/国家的发展方向,从而进行有效的宏观调控;工程师有能力通过计算机来准确计算生产过程中的材料、能源,加工与时间配置的最佳方案;气象学家有能力通过计算机在几分钟内计算出未来几十个小时数以千万亿次的天气变化数据,从而为今后的天气变化情况作出准确预报。但计算再重要,它也离不开运算,运算再不重要,数学的一切若没有了它,也就失去了基础。因此,要让学生学好计算,必须让他们先学好运算,只有当他们明白了什么是运算、什么是计算以及二者的区别及联系以后,他们的学习目的才会更加明确,从而为他们今后设计复杂的计算作准备或者说作铺垫。

11　为什么要分析试题的命题背景

每当模考或高考结束后，我们总会去分析试题，特别是那些重点考查的试题。通过分析试题，可以评价我们的教学和备考情况，检查我们的工作得失，特别是查找存在的问题等，然后提出改进措施，以便在以后能更好地开展我们的教育教学工作。试题分析的内容可以说非常广泛，基本能涵盖一道试题从命制到解答，再到评价、反思、推广等各个阶段。例如，试题考查的知识、能力、思想方法，学生的得分、失分点，以及命题意图、难度、区分度、侧重点、解题思路、特色、综合程度、命题背景、拓展推广等，都属于试题分析的内容。其中，对试题命题背景的分析，是所有分析中非常重要的一种分析活动，也是一种高级的认知活动。它不仅代表着一个教师、一个备课组、一个学校、一个地区的学术研究水平，也关系着一个教师、一个备课组、一个学校、一个地区的教育教学水平、备考水平、高考水平。可以说，它是衡量一个教师、一个备课组、一个学校、一个地区所具有的教育和教学水平的一个重要标志。一般来说，通过这种分析，我们很容易看到一个教师、一个备课组、一个学校、一个地区所具有的学术水平、人文精神以及学术气氛等。下面是笔者所写的一篇对 2020 年北京高考解析几何试题命题背景进行分析的文章。

2020 年北京高考解析几何试题的命题背景分析及推广

2020 年的北京高考，是实施新课程以来的首次不分文理科的高考.如何在这种情形下，既考查数学的本质，又考查学生的数学素养，成为了大家关注的焦点.此外，在不分文理科的前提下，一道高考试题是如何命制的，以及如何对它求解、分析和推广等，也成了大家探讨的热点.本文主要是从试题命制的角度出发，对 2020 年北京高考解析几何试题的命题背景、解法及推广等进行了探索.

1 试题及分析

(2020 年北京高考数学第 20 题)已知椭圆 C:$\frac{x^2}{a^2}+\frac{y^2}{b^2}=1$ 过点 $A(-2,-1)$,且 $a=2b$.

(Ⅰ)求椭圆 C 的方程;

(Ⅱ)过点 $B(-4,0)$的直线 l 交椭圆 C 于点 M,N,直线 MA,NA 分别交直线 $x=-4$ 于点 P,Q,求$\frac{|PB|}{|BQ|}$的值.

本题在知识方面,主要考查了椭圆的标准方程及其几何性质、直线与椭圆的位置关系、根系关系、线段长度比值为定值的求解等.在能力方面,主要考查了学生的数学猜想与推理论证能力、抽象概括能力、运算求解能力,以及综合运用所学的知识分析问题和解决问题的能力.在思想方法方面,主要考查了数形结合、化归与转化、分类讨论、函数与方程等思想.在数学学科核心素养方面,主要考查了数学运算、数学抽象、直观想象、逻辑推理等.本试题共分两问,其中第二问考查的定值问题,是解析几何问题中最具丰富命题背景和深厚内涵的知识点之一,这一直是高考的热点和难点.因此,考查这类问题,不仅能很好地了解学生对解析几何本质的把握情况,而且还能很好地区分出不同层次学生的数学素养.在解析几何体系中,定值问题与最值(范围)问题同属于一个代数逻辑范畴.研究最值问题的基本数学思想是函数思想,通常研究对象随着某个本源变量(如直线的斜率、点的坐标等)的变化而发生相应变化,从而形成研究对象与本源变量之间的函数关系,所以只需根据几何条件,建立函数表达式,并借助这个函数的性质,结合具体几何条件的限制,探求研究对象的最值(范围).定值问题则意味着建立了一个常数函数,它不会随着本源变量的变化而变化,从而产生"定值".按照设问方式的不同,这类问题又可以分为"证明型定值问题"和"探究型定值问题".本问属于探究型定值问题,因为通过猜想,我们很容易得到$\frac{|PB|}{|BQ|}=1$.

因此,要求得$\dfrac{|PB|}{|BQ|}=1$,只需找出$\dfrac{|PB|}{|BQ|}$与本源变量之间的函数关系即可.

2 解法探究

显然,椭圆 C 的方程为$\dfrac{x^2}{8}+\dfrac{y^2}{2}=1$.现对第二问进行探索.由题意可知,本问所求的$\dfrac{|PB|}{|BQ|}$实际上是一个定值问题.因此,可以考虑从直线的斜率或点的坐标入手.

2.1 从直线的斜率入手

解法 1:设直线 l 的斜率为 k,且与椭圆 C 交于点$M(x_1,y_1)$,$N(x_2,y_2)$,则 l 的方程为 $y=k(x+4)$.由$\begin{cases}\dfrac{x^2}{8}+\dfrac{y^2}{2}=1,\\ y=k(x+4),\end{cases}$得

$(1+4k^2)x^2+32k^2x+64k^2-8=0$.

因为 $\Delta>0$,所以$-\dfrac{1}{2}<k<\dfrac{1}{2}$,

$x_1+x_2=\dfrac{-32k^2}{1+4k^2}$,$x_1x_2=\dfrac{64k^2-8}{1+4k^2}$,

$$\begin{aligned}k_{AM}+k_{AN}&=\frac{y_1+1}{x_1+2}+\frac{y_2+1}{x_2+2}\\&=\frac{(y_1+1)(x_2+2)+(y_2+1)(x_1+2)}{(x_1+2)(x_2+2)}\\&=\frac{2kx_1x_2+(6k+1)(x_1+x_2)+16k+4}{x_1x_2+2(x_1+x_2)+4}=-1,\end{aligned}$$

$k_{AP}+k_{AQ}=-1$,即$\dfrac{y_P+1}{-4+2}+\dfrac{y_Q+1}{-4+2}=-1$,

所以 $y_P+y_Q=0$,即 $y_P=-y_Q$,

所以$\dfrac{|PB|}{|QB|}=\dfrac{|y_P|}{|y_Q|}=1$.

解法 2:过点 A 作 x 轴的垂线,并交 x 轴于点 $T(-2,0)$,连接 PT,QT.

(1)当直线 l 与 x 轴重合时,不妨设 $M(-2\sqrt{2},0)$,$N(2\sqrt{2},0)$,由平面几何知识(相似三角形的对应边成比例)得 $|BP|=\dfrac{4-2\sqrt{2}}{2\sqrt{2}-2}=\sqrt{2}$,$|BQ|=\dfrac{4+2\sqrt{2}}{2\sqrt{2}+2}=\sqrt{2}$,所以 $\dfrac{|BP|}{|BQ|}=1$.

(2)当直线 l 不与 x 轴重合时,设点 $M(x_1,y_1)$,$N(x_2,y_2)$,直线 l 的方程为 $x=my-4(m\neq 0)$.

由 $\begin{cases}x=my-4,\\ \dfrac{x^2}{8}+\dfrac{y^2}{2}=1,\end{cases}$ 得 $(m^2+4)y^2-8my+8=0$.

因为 $\Delta>0$,

所以 $m^2>4$,即 $m<-4$ 或 $m>4$.

又 $y_1+y_2=\dfrac{8m}{m^2+4}$,$y_1y_2=\dfrac{8}{m^2+4}$,

所以 l_{AM}:$y+1=\dfrac{y_1+1}{x_1+2}(x+2)$,则点 $P\left(-4,\dfrac{-(m+2)y_1}{my_1-2}\right)$,

同理得点 $Q\left(-4,\dfrac{-(m+2)y_2}{my_2-2}\right)$,

$$k_{TP}+k_{TQ}=\frac{\frac{-(m+2)y_1}{my_1-2}}{-4+2}+\frac{\frac{-(m+2)y_2}{my_2-2}}{-4+2}$$

$$=\frac{(m+2)y_1}{2(my_1-2)}+\frac{(m+2)y_2}{2(my_2-2)}$$

$$=\frac{(m+2)y_1(my_2-2)+(m+2)y_2(my_1-2)}{2(my_1-2)(my_2-2)}$$

$$=\frac{2(m+2)my_1y_2-2(m+2)(y_1+y_2)}{2(my_1-2)(my_2-2)}$$

$$=\frac{2(m+2)m\,\frac{8}{m^2+4}-2(m+2)\frac{8m}{m^2+4}}{2(my_1-2)(my_2-2)}=0.$$

所以 BT 是 $\angle QTP$ 的角平分线,则在 $\mathrm{Rt}\triangle QTB$ 和 $\mathrm{Rt}\triangle PTB$

中,有

$$\tan\angle QTB=\frac{|QB|}{|TB|}=\tan\angle PTB=\frac{|PB|}{|TB|},$$

所以 $|PB|=|BQ|$,即 $\frac{|PB|}{|BQ|}=1$.

2.2 从点的坐标入手

解法 3:设点 $P(-4,p)$,$Q(-4,q)$,$M(x_1,y_1)$,$N(x_2,y_2)$,则 $l_{PA}:y=-\frac{p+1}{2}x-p-2$.

由 $\begin{cases}\frac{x^2}{8}+\frac{y^2}{2}=1,\\ y=-\frac{p+1}{2}x-p-2,\end{cases}$ 得

$$(p^2+2p+2)x^2+4(p^2+3p+2)x+4(p+2)^2-8=0,$$

$$-2x_1=\frac{4(p+2)^2-8}{p^2+2p+2},$$

$$x_1=\frac{-2(p+2)^2+4}{p^2+2p+2},$$ 代入 l_{PA},

则得点 $M\left(\frac{-2(p+2)^2+4}{p^2+2p+2},\frac{p^2-2}{p^2+2p+2}\right)$,

同理得点 $N\left(\frac{-2(q+2)^2+4}{q^2+2q+2},\frac{q^2-2}{q^2+2q+2}\right)$.

因为 $k_{MB}=k_{NB}$,

所以 $$\frac{\frac{p^2-2}{p^2+2p+2}-0}{\frac{-2(p+2)^2+4}{p^2+2p+2}-4}=\frac{\frac{q^2-2}{q^2+2q+2}-0}{\frac{-2(q+2)^2+4}{q^2+2q+2}-4},$$

化简得 $\frac{p^2-2}{p^2+2}=\frac{q^2-2}{q^2+2}$,解得 $p^2=q^2$,

所以 $\frac{|PB|}{|BQ|}=1$.

3　背景分析

解析几何试题的命制，一般有两种思路：一种是把试题命制为可以直接使用某些性质、推论或已经证明了的命题所具有的性质就能解决的问题；另一种是把试题命制为与某些需要探索的性质、推论或命题有关的问题.由于解析几何是研究如何将几何问题转化为代数问题来解决的学科，因此，它所涉及的许多问题，一般都具有思考量大、运算量大且具有一定的综合难度等特点.所以，在命题时，为了有效地控制难度，适当地增加区分度，可能会考虑采用后一种思路.这样，就使得很多解析几何试题有其背景和渊源.如果我们能够深刻分析其背景和渊源，那么就可以对其作许多更深入的探讨，例如，对它作引申、推广、拓展等.那么，怎样分析一个解析几何试题的背景呢？可以说，方法很多.一般情况下，主要是先猜后证，即先通过猜想得到结论，进而再证明.例如，对本题，我们猜想到$\frac{|PB|}{|BQ|}=1$.那么，再进一步思考，为什么会有$\frac{|PB|}{|BQ|}=1$呢？显然与点$A(-2,-1)$，$B(-4,0)$有关，即与两点的横坐标之积为a^2有关.这样当我们再进一步探讨过点$B(-4,0)$的直线l，为什么与椭圆C交于点M，N，过点$A(-2,-1)$的直线AM和AN，为什么与直线l交于点P，Q后，再结合有关圆锥曲线的极点、极线知识，不难发现，2020年北京高考这道解析几何试题原来是下面这个命题的一种特殊情况.

已知点$A(x_0,y_0)(y_0\neq0)$，椭圆C：$\frac{x^2}{a^2}+\frac{y^2}{b^2}=1(a>b>0)$，直线$l$：$x=\frac{a^2}{x_0}$.若直线$l$与$x$轴交于点$B$，且过点$B$的直线与椭圆$C$交于点$M$，$N$，直线$AM$与$AN$分别交直线$l$于点$P$，$Q$，则$\frac{|PB|}{|QB|}=1$.

现在，我们证明一下这个命题.

证明：设点$M(x_1,y_1)$，$N(x_2,y_2)$，当直线MN的斜率为0时，上述结论易证得(此处省略).当直线MN的斜率不为0时，可设直

线 MN 的方程为 $x=ty+\frac{a^2}{x_0}$.

由 $\begin{cases}x=ty+\frac{a^2}{x_0},\\ \frac{x^2}{a^2}+\frac{y^2}{b^2}=1,\end{cases}$

得 $(a^2+b^2t^2)x_0{}^2y^2+2a^2b^2x_0ty+a^2b^2(a^2-x_0{}^2)=0$,

$y_1+y_2=-\frac{2a^2b^2t}{(a^2+b^2t^2)x_0}$, $y_1\cdot y_2=\frac{a^2b^2(a^2-x_0{}^2)}{(a^2+b^2t^2)x_0{}^2}$,

$l_{AM}:y=\frac{y_1-y_0}{x_1-x_0}(x-x_0)+y_0$.

令 $x=\frac{a^2}{x_0}$,则点 P 的纵坐标为

$$y_P=\frac{y_1-y_0}{x_1-x_0}\left(\frac{a^2}{x_0}-x_0\right)+y_0=\frac{y_1-y_0}{ty_1+\frac{a^2}{x_0}-x_0}\left(\frac{a^2}{x_0}-x_0\right)+y_0$$

$$=\frac{(a^2-x_0{}^2+x_0y_0t)y_1}{x_0ty_1+a^2-x_0{}^2},$$

同理得点 Q 的纵坐标 $y_Q=\frac{(a^2-x_0{}^2+x_0y_0t)\cdot y_2}{x_0ty_2+a^2-x_0{}^2}$,则

$$y_P+y_Q=\frac{(a^2-x_0{}^2+x_0y_0t)y_1}{x_0ty_1+a^2-x_0{}^2}+\frac{(a^2-x_0{}^2+x_0y_0t)y_2}{x_0ty_2+a^2-x_0{}^2}$$

$$=(a^2-x_0{}^2+x_0y_0t)\left(\frac{y_1}{x_0y_1t+a^2-x_0{}^2}+\frac{y_2}{x_0y_2t+a^2-x_0{}^2}\right)$$

$$=\frac{(a^2-x_0{}^2+x_0y_0t)[(a^2-x_0{}^2)(y_1+y_2)+2x_0ty_1y_2]}{x_0t(a^2-x_0{}^2)(y_1+y_2)+x_0{}^2t^2y_1y_2+(a^2-x_0{}^2)^2}$$

$$=\frac{(a^2-x_0{}^2+x_0y_0t)\left\{(a^2-x_0{}^2)\left[-\frac{2a^2b^2t}{(a^2+b^2t^2)x_0}\right]+2x_0t\cdot\frac{a^2b^2(a^2-x_0{}^2)}{(a^2+b^2t^2)x_0{}^2}\right\}}{x_0t(a^2-x_0{}^2)\left[-\frac{2a^2b^2t}{(a^2+b^2t^2)x_0}\right]+x_0{}^2t^2\cdot\frac{a^2b^2(a^2-x_0{}^2)}{(a^2+b^2t^2)x_0{}^2}+(a^2-x_0{}^2)^2}$$

$=0$.

所以 $y_P=-y_Q$,即 $\frac{|PB|}{|QB|}=\frac{|y_P|}{|y_Q|}=1$.

故命题得证.

这样,我们就知道了,2020 年北京高考解析几何试题是由这个命题演变而来的,而这个命题则是 2020 年北京高考解析几何试题的一般式.同时,该命题还是一种性质,即它是所有具备这种命题条件的试题都拥有的一种共同性质.

4 追本溯源

熟悉古典欧氏平面几何的读者都知道,在古典欧氏平面几何中,有许多的概念和命题,虽然不是高中数学的学习内容,但是在高考或模考的试题中,却经常能看到它们的影子,尤其是对一些命题的引申、推广与变形,更是屡见不鲜.因此,联想到本题的一般式,我们会想到,2020 年北京高考解析几何试题的第二问,实际上是蝴蝶定理在椭圆中的一种特例,而其一般式则是蝴蝶定理在圆锥曲线中的引申、推广。

4.1 古典欧氏平面几何中的蝴蝶定理

定理 1:如图 1 所示,已知 M 是圆 O 的弦 AB 的中点,CD,GH 是过点 M 的两条弦,连接 CH,DG 分别交 A,B 于点 P,Q,则 $|MP|=|MQ|$.

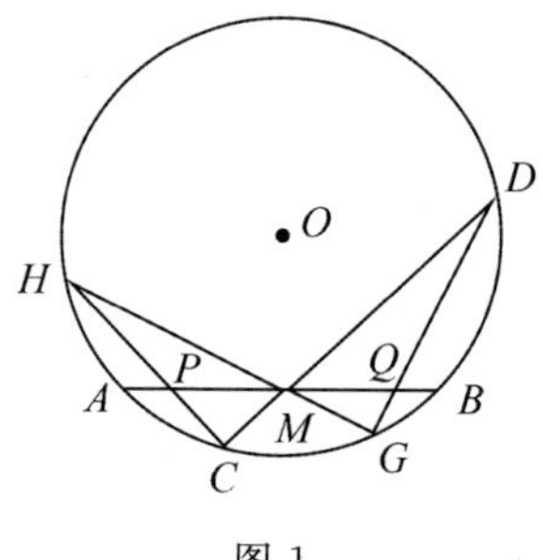

图 1

4.2 古典欧氏平面几何中的蝴蝶定理的推论[①]

推论 1:如图 2 所示,直线 l 是圆 O 外的一条定直线,过圆心 O

① 杨俊林.蝴蝶定理及其推广[J].上海中学数学,2010(3):42-44.

作 $OM \perp l$ 于点 M，过 M 任意作两条直线分别交圆 O 于点 C, D, E, F，连接 DE, FC 并延长交直线 l 于点 P, Q，则 $|MP| = |MQ|$.

推论 2：如图 3 所示，直线 l 是圆 O 外的一条定直线，过圆心 O 作 $OM \perp l$ 于点 M，过 M 任意作一条直线分别与圆 O 交于点 C, D，作圆 O 外的一条切线与圆 O 交于点 E，连接 CE, ED 并延长分别交直线 l 于点 P, Q，则 $|MP| = |MQ|$.

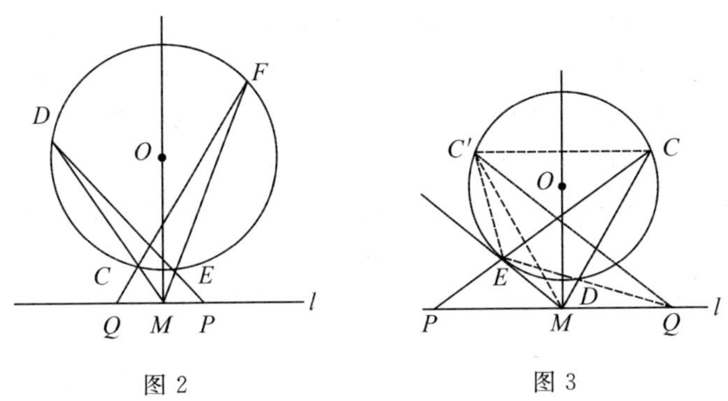

图 2　　　　图 3

4.3　**圆锥曲线中的蝴蝶定理**①②

由射影变换的有关知识可以知道，在射影空间 RP^2 或 CP^2 中，椭圆、双曲线和抛物线都可以通过射影变换转化为圆，所以蝴蝶定理及推论在圆锥曲线中也是成立的，进而被引申、推广.

4.3.1　圆锥曲线中的蝴蝶定理

定理 2：如图 4 所示，在圆锥曲线 Γ 中，过弦 AB 的中点 M 任作两条弦 CD, EF，直线 CE, DF 分别交直线 AB 于点 P, Q，则 $|MP| = |MQ|$.

---

① 杨俊林.射影变换下的蝴蝶定理[J].阜阳师范学院学报(自然科学版)，2009，26(4)：33-38.

② 马超周，郑拴平.蝴蝶定理的引申与推广——对 2020 年高考数学北京卷第 20 题的探讨[J].高中数理化，2020(21)：14-16.

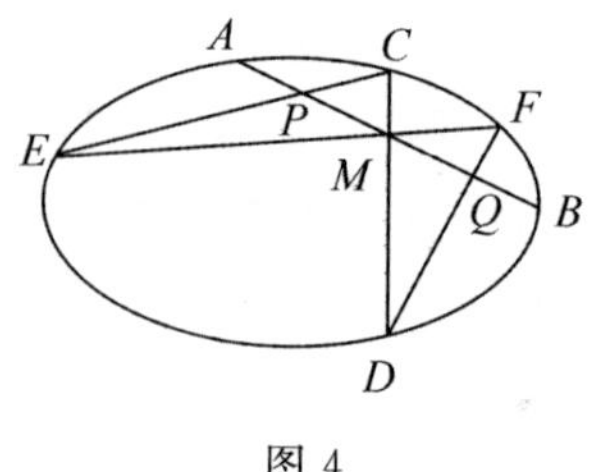

图 4

4.3.2　圆锥曲线中的蝴蝶定理的推论

推论 3：如图 5 所示，设 M 为圆锥曲线 Γ 外一直线 l 上的两个点 E,F 的中点，过 M 任作两条弦 AB,CD，连接 AD,BC 交直线 l 于点 P,Q，则 $|MP|=|MQ|$.

推论 4：如图 6 所示，在圆锥曲线 Γ 中，过弦 AB 端点的切线交于点 M，过 M 的直线 $l/\!/AB$，过 M 任作两条弦 CD,EF，直线 CE，DF 分别交直线 l 于点 P,Q，则 $|MP|=|MQ|$.

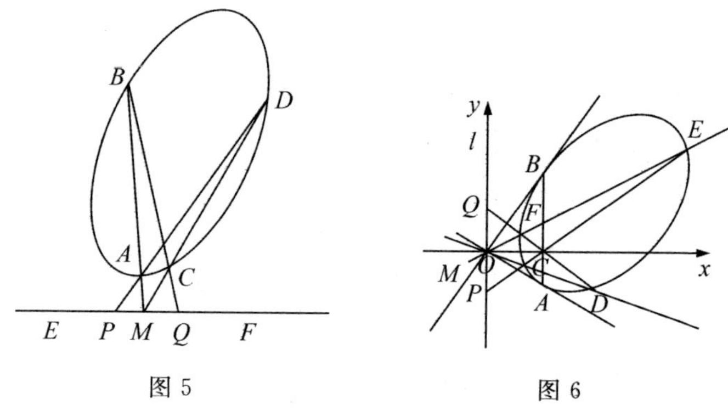

图 5　　　　图 6

证明：如图 6 所示，以 M 为原点，直线 l 为 y 轴建立平面直角坐标系.

设圆锥曲线的方程为 $Ax^2+Bxy+Cy^2+Dx+Ey+F=0$，

设 $A(x_1,y_1)$，$B(x_2,y_2)$，则切线 MA 的方程为

$$\left(Ax_1+\frac{By_1}{2}\right)x+\left(\frac{Bx_1}{2}+Cy_1\right)y+D\,\frac{x+x_1}{2}+E\,\frac{y+y_1}{2}+F=0.$$

因切线 MA 过点 $M(0,0)$，则可得 $\frac{D}{2}x_1+\frac{E}{2}y_1+F=0$.

同理，由过点 $M(0,0)$ 的切线 MB 的方程可得

$\frac{D}{2}x_2+\frac{E}{2}y_2+F=0$,

所以 $E(y_1-y_2)=0$，则 $E=0$.

由已知条件可知，直线 CD，EF 的斜率都存在，设直线 CD，EF 的方程分别为 $y=k_1x$，$y=k_2x$，同时设 $C(x_3,y_3)$，$D(x_4,y_4)$，$E(x_5,y_5)$，$F(x_6,y_6)$，$P(0,p)$，$Q(0,q)$，则直线 CE 的方程为

$$y=\frac{k_2x_5-k_1x_3}{x_5-x_3}(x-x_3)+k_1x_3,$$

所以 $p=\frac{k_2x_5-k_1x_3}{x_5-x_3}(0-x_3)+k_1x_3=\frac{x_3x_5(k_1-k_2)}{x_5-x_3}$.

同理得 $q=\frac{x_4x_6(k_1-k_2)}{x_6-x_4}$,

$$p+q=\frac{(k_1-k_2)[x_5x_6(x_3+x_4)-x_3x_4(x_5+x_6)]}{(x_5-x_3)(x_6-x_4)}.$$

联立 $y=k_1x$ 与 $Ax^2+Bxy+Cy^2+Dx+Ey+F=0$，可得

$(A+Bk_1+Ck_1{}^2)x^2+(D+Ek_1)x+F=0$.

又因为 $E=0$,

所以 $x_3+x_4=\frac{-D}{A+Bk_1+Ck_1{}^2}$，$x_3\cdot x_4=\frac{F}{A+Bk_1+Ck_1{}^2}$,

同理得 $x_5+x_6=\frac{-D}{A+Bk_2+Ck_2{}^2}$，$x_5\cdot x_6=\frac{F}{A+Bk_2+Ck_2{}^2}$,

所以 $p+q=0$,

故 $|MP|=|MQ|$.

5 试题回顾

高考中对有关蝴蝶定理问题的考查，可以说由来已久，例如 2001 年高考全国卷第 18 题就是以蝴蝶定理为背景命制的.此外，在其他省的高考中也有过考查，如 2020 年高考山东卷第 22 题、2010 年高考江苏卷理科第 18 题、2003 年高考北京卷第 18 题等.

6 拓展推广

6.1 纵向探究

考虑到在解法 1 中，先推导直线 AM 与 AN 的斜率之和为定值 -1，我们不妨对这个一般式作一下逆向探索，这样，我们就可以得到它的一个如下推广.

性质 1：过椭圆 C：$\frac{x^2}{a^2}+\frac{y^2}{b^2}=1(a>b>0)$ 上的一定点 $P(s,t)$（P 不是椭圆顶点），作两条直线分别交椭圆于 A，B 两点.若直线 AB 恒过一个定点 $Q\left(s-\frac{2t}{\lambda},-t-\frac{2b^2s}{\lambda a^2}\right)$，则 $k_{PA}+k_{PB}=\lambda(\lambda\neq 0)$.

于是，对于 2020 年北京高考解析几何试题的第二问就又有一种解.

由推广得$\begin{cases}-2-\frac{2\times(-1)}{\lambda}=-4,\\1-\frac{2\times 2\times(-2)}{8\lambda}=0,\end{cases}$

所以 $k_{AM}+k_{AN}=-1\Rightarrow k_{AP}+k_{AQ}=-1$，

所以 $\frac{y_P+1}{-4+2}+\frac{y_Q+1}{-4+2}=-1\Rightarrow y_P=-y_Q\Rightarrow\frac{|PB|}{|QB|}=\frac{|y_P|}{|y_Q|}=1$.

显然，这种解法比前面两种解法都要简捷.

逆命题 1：过椭圆 C：$\frac{x^2}{a^2}+\frac{y^2}{b^2}=1(a>b>0)$ 上的一定点 $P(s,t)$（P 不是椭圆顶点），作两条直线分别交椭圆于 A，B 两点.若 $k_{PA}+k_{PB}=\lambda$ $(\lambda\neq 0)$，则直线 AB 恒过一个定点 $Q\left(s-\frac{2t}{\lambda},-t-\frac{2b^2s}{\lambda a^2}\right)$.

性质 2：已知椭圆 C：$\frac{x^2}{a^2}+\frac{y^2}{b^2}=1(a>b>0)$ 过点 $A(x_0,y_0)$ $(y_0\neq 0)$，直线 l：$y=\frac{b^2}{y_0}$.若直线 l 与 y 轴交于点 B，且过点 B 的直线与椭圆 C 交于点 M，N，直线 AM 与 AN 分别交直线 l 于点 P，Q，则 $\frac{|PB|}{|QB|}=1$.

性质3：已知点 $B(m,0)$，椭圆 C：$\frac{x^2}{a^2}+\frac{y^2}{b^2}=1(a>b>0)$. 过点 B 的直线与椭圆 C 交于点 M,N，A 为直线 $x=\frac{a^2}{m}$ 上的一动点，若直线 AM 与 AN 分别交直线 $x=m$ 于点 P,Q，则 B 为 PQ 的中点.

逆命题2：已知椭圆 C：$\frac{x^2}{a^2}+\frac{y^2}{b^2}=1(a>b>0)$，直线 $x=m$ 与 x 轴的交点为 B，点 P,Q 在直线 $x=m$ 上，且 B 为 PQ 中点，过点 B 的直线交椭圆 C 于点 M,N，则直线 PM 与 NQ 的交点 A 在定直线 $x=\frac{a^2}{m}$ 上.

性质4：已知点 $M(\frac{a^2}{m},0)(0<|m|<a)$，椭圆 C：$\frac{x^2}{a^2}+\frac{y^2}{b^2}=1(a>b>0)$. 若不与 x 轴垂直的直线 l 与椭圆 C 交于点 A,B，则直线 l 过定点 $(m,0)$ 的充要条件是 x 轴是 $\angle AMB$ 的平分线.

6.2　**横向探究**

性质5：已知点 $A(x_0,y_0)(x_0\neq0)$，圆 C：$x^2+y^2=a^2$，直线 l：$x=\frac{a^2}{x_0}$. 若圆 C 过点 A，直线 l 与 x 轴交于点 B，过点 B 的直线交圆 C 于点 M,N，直线 AM 与 AN 分别交直线 l 于点 P,Q，则 $\frac{|PB|}{|QB|}=1$.

性质6：已知点 $A(x_0,y_0)(x_0\neq0)$，双曲线 C：$\frac{x^2}{a^2}-\frac{y^2}{b^2}=1(a>b>0)$，直线 l：$x=\frac{a^2}{x_0}$. 若双曲线 C 过点 A，直线 l 与 x 轴交于点 B，过点 B 的直线交双曲线 C 于点 M,N，直线 AM 与 AN 分别交直线 l 于点 P,Q，则 $\frac{|PB|}{|QB|}=1$.

性质7：已知点 $A(x_0,y_0)(x_0\neq0)$，抛物线 C：$y^2=2px(p>0)$，直线 l：$x=-x_0$. 若抛物线 C 过点 A，直线 l 与 x 轴交于点 B，过点 B 的直线与抛物线 C 交于点 M,N，直线 AM 与 AN 分别交直线 l

于点 P,Q,则 $\frac{|PB|}{|QB|}=1$.

性质 8:已知点 $A(x_0,y_0)(x_0\neq0)$,直线 $l:x=\frac{a^2}{x_0}$.若圆锥曲线 C 过点 A,直线 l 与 x 轴交于点 B,过点 B 的直线交圆锥曲线 C 于点 M,N,直线 AM 与 AN 分别交直线 l 于点 P,Q,则 $|PB|=|QB|$.

总之,2020 年的高考虽然已经结束,但是对它的研究还远没有完结.因为要做的研究工作还有很多很多.例如,本文只是对一类探究型定值问题的解以及命题的背景、推广等进行了探讨,而对这类试题是如何命制的,再如何演进,以及在今后教学和备考中我们应如何去做等,都并未涉及.此外,本文所研究的问题还可以类推到许多其他的问题上,如定点的问题等.因此,本文的作用是抛砖引玉,有兴趣的读者可以继续做一下研究.

由以上分析可以看出,虽然这篇文章只是从一道试题命制的角度,对 2020 年北京高考解析几何试题的命题背景、解法及推广等进行了探索。但是,它却让我们知道了许多在平时学习以及教研、学术研讨会上学不到的东西。例如,如何作类似的分析,分析都有哪些维度,教学要达到怎样的效果,以及从什么点切入,从什么点切出,如何使分析有条理、有说服力等。显然这些对于我们了解高考的动向、提高对问题的认识,特别是在教育教学时,培养学生良好的思维品质,提升学生的数学核心素养等,无疑具有特别重要的意义。

12 为什么要研究变式

在日常教学中，我们经常会遇到这样一种现象。我们在课堂上讲的例题和习题，学生都会做，但留的课后作业，他们有很多题不会做，而这些题目有的仅仅是对例题或习题稍作了变形。这是为什么呢？可以说原因是多方面的，其中有一种原因常常被我们忽视，这种原因是什么呢？这种原因就是变式。那么什么是变式呢？

12.1 变式的含义

从目前可检索到的文献来看，关于对什么是变式的看法、说法，很多也很乱。虽然大家的心目中都有自己对于变式的理解，但是在对变式的认识上差异却很大。如既有关于对概念变式的看法、说法，也有关于对解题变式的看法、说法；既有关于对教学变式的看法、说法，也有关于对过程、内容、方法以及训练等变式的看法、说法。其中，关于对概念变式的看法、说法，主要与概念的形成有关；而关于对解题变式的看法、说法，又与一题多解、一题多变、多题一解有关。

从有关学习、教育、心理学专著以及字典、词典的编者对变式的解释来看，他们对变式的看法、说法也各有千秋。例如，张承芬在她所著的《教育心理学》中认为，变式是指概念正例的变化。[①] 皮连生在其所著的《学与教的心理学》中认为，所谓变式，就是不改变其他

① 张承芬.教育心理学[M].济南：山东教育出版社，2000：203.

教学条件的情况下，概念的正例发生变化。[①] 邵瑞珍在她所著的《教育心理学》中认为，变式是指提供多个正例，这些例子的本质特征不变，无关特征发生变化。[②] 章建跃在他所著的《数学学习论与学习指导》中认为，所谓变式，是指变更对象的非本质属性，突出那些隐蔽的本质要素。[③] 郑君文、张恩华在他们所著的《数学学习论》中认为，所谓变式，是指新概念的肯定例证在非本质特征方面的变化。[④] 刘长春、张文娣在他们所著的《中学数学变式教学与能力培养》中认为，变式即对某种范式不断变更问题的情境或改变思维的角度，保持事物本质特征不变，使非本质特征不断迁移的变化方式。[⑤] 变式是教学中使学生确切掌握概念的方法之一，即从不同方面、不同角度来说明某一事物，从而概括出事物的一般属性。[⑥] 顾明远在其所著的《教育大辞典》中对变式的解释为，变式教学是在教学中使学生确切地掌握概念的重要方式之一，即在教学中用不同形式的直观材料或事例说明事物的本质属性或变换事物非本质特征以突出事物本质特征，目的在于使学生了解哪些是事物的本质特征，哪些是事物的非本质特征，从而对事物形成科学概念。[⑦] 不过，这些看法、说法，虽然各有千秋，但从指向上来看，还是很明确的，即他们都认为，变式是对一个研究对象的非本质属性作了变更，但对其本质属性没有作变更。但是，如果这样认为的话，就出现了问题。因为他们只强调了变式的一个方面，而对于其他方面的情况，例如，对一个研究对象的本质属性进行变更，而对其非本质属性没有作变更，就没有涉及。显然，有失严谨，或者说，他们对变式的这种界定有所欠缺。

---

① 皮连生.学与教的心理学(修订本)[M].上海：华东师范大学出版社，2002:143.

② 邵瑞珍.教育心理学[M].上海：上海教育出版社，2008:58.

③ 章建跃.数学学习论与学习指导[M].北京：人民教育出版社，2001:74.

④ 郑君文，张恩华.数学学习论[M].南宁：广西教育出版社，2007:43.

⑤ 刘长春，张文娣.中学数学变式教学与能力培养[M].济南：山东教育出版社，2001:1.

⑥ 霍妍.试论大学公共计算机网络课程变式练习[J].吉林工商学院学报，2016(6):122.

⑦ 顾明远.教育大辞典[M].上海：上海教育出版社，1999:186.

因为,在实际的教育教学中,我们都知道,所谓的变式,远不止他们所说的这样一个方面。因此,从形式逻辑的概念界定角度来看,他们对变式的这些解释,都不能算是对变式的完整界定,因为这样的看法都存在着以偏概全的科学性问题。

到底什么是变式呢?从认识论和方法论的角度来看,所谓变式,应指的是变更了一个研究对象后的表现形式。具体来说,变式就是变更了一个研究对象的非本质属性或本质属性后的表现形式。这样,对于一个研究对象来说,它的变式就可能有四种情形:变更了它的非本质属性,而没有变更它的本质属性后的情形;变更了它的本质属性,而没有变更它的非本质属性后的情形;对它的非本质属性和本质属性都作了变更后的情形;对它的非本质属性和本质属性都没有作变更,但对它的背景作了变更后的情形。因此,在高中数学领域所谈到的变式,就不应像上面所说的那样多、那样乱,以至于含糊不清。高中数学所谈到的变式,应是关于一个命题的变式。而这个命题的变式,则指的是变更了它的条件或结论后的情形。这样,对于一个命题来说,它的变式就也有四种情形:变更了它的条件,而不变更它的结论后的情形;变更了它的结论,而不变更它的条件后的情形;对它的条件与结论都作了变更后的情形;对它的条件和结论都没有变更,但变更了它的背景后的情形。若以下面的例1为一个原命题,则它的变式可为以下的变式1-1、1-2、1-3、1-4。具体如下:

例1 已知函数 $f(x)=\begin{cases}x^2-4x+6, & x\geqslant 0,\\ x+6, & x<0,\end{cases}$ 则满足 $f(x)>f(1)$ 的 x 的取值范围是________。

变式1-1:已知函数 $f(x)=\begin{cases}\log_{\frac{1}{3}}x, & x>0,\\ 2^x, & x\leqslant 0,\end{cases}$ 则满足 $f(x)>f(1)$ 的 x 的取值范围是________。

变式1-2:已知函数 $f(x)=\begin{cases}x^2-4x+6, & x\geqslant 0,\\ x+6, & x<0,\end{cases}$ 则函数 $y=f(x)-m$ 的零点个数为三个时,m 的取值范围是________。

变式 1-3：已知函数 $f(x)=\begin{cases}\log_2 x, & x>0,\\ 3^x, & x\leqslant 0,\end{cases}$ 若关于 x 的方程 $f(x)+x-a=0$ 有且只有一个实根，则实数 a 的取值范围是________。

变式 1-4：已知 $x\geqslant 0$ 时，$f(x)=x^2-4x+6$，且 $x<0$ 时，$f(x)=x+6$，若曲线 $y=f(x)$ 在 $y=f(1)$ 的上方，则 x 的取值范围是________。

但是，在实际的教育教学中，我们所用到的变式，并不像上面所举的例子那样规范、具体，而是依据教学内容、教学任务以及学情、课时、教师的教学风格等的不同，形式灵活多样。但它们都是一些我们所熟知的变式。像平时我们所讲的相似或相近变式、加强或弱化的变式、归纳变式、类比变式、逆向变式等，都属于这类变式。例如，若以下面的例 2 为一个原命题，则它的变式可为以下的变式 2-1、2-2、2-3、2-4、2-5、2-6。

例 2 （2013 年新课标卷Ⅱ文科第 10 题）设抛物线 $C:y^2=4x$ 的焦点为 F，直线 l 过 F 且与 C 交于 A、B 两点.若 $|AF|=3|BF|$，则 l 的方程为（　　）。

A. $y=x-1$ 或 $y=-x+1$

B. $y=\dfrac{\sqrt{3}}{3}(x-1)$ 或 $y=-\dfrac{\sqrt{3}}{3}(x-1)$

C. $y=\sqrt{3}(x-1)$ 或 $y=-\sqrt{3}(x-1)$

D. $y=\dfrac{\sqrt{2}}{2}(x-1)$ 或 $y=-\dfrac{\sqrt{2}}{2}(x-1)$

变式 2-1：设抛物线 $C:y^2=4x$ 的焦点为 F，直线 l 过 F 且与 C 交于 A、B 两点。若 $|AF|=4|BF|$，则 l 的方程为________。

变式 2-2：设抛物线 $C:y^2=4x$ 的焦点为 F，直线 l 过 F 且与 C 交于 A、B 两点，交准线于点 C。若 $|BC|=2|BF|$，则 $|AF|=$________。

变式 2-3：设抛物线 $C:y^2=4x$ 的焦点为 F，直线 l 过点 $M(3,0)$，且与 C 交于 A、B 两点。若 $|AF|=5|BF|$，则 l 的方程

为________。

变式 2-4：已知以 F 为焦点的抛物线 C：$y^2=4x$ 上两点 A、B，满足$\overrightarrow{AF}=\lambda\overrightarrow{BF}$（$\frac{1}{3}\leqslant\lambda\leqslant 3$），则线段 AB 的中点到 C 的准线距离的最大值是________。

变式 2-5：过椭圆 C：$\frac{x^2}{a^2}+\frac{y^2}{b^2}=1$ 的右焦点 F 作直线 l 交 C 于 A、B 两点。若 $|AF|=2|BF|$，则 l 的斜率为________。

变式 2-6：设抛物线 C：$y^2=4x$ 的焦点为 F，斜率为 $2\sqrt{2}$ 的直线 l 过点 F 且与 C 交于 A、B 两点，则$\frac{|AF|}{|BF|}=$________。

12.2 变式的研究

为什么要研究变式呢？一般来说，原因有很多，从教育教学和教研角度来看，主要有以下几方面。

12.1.1 形成一系列的概括性认识

例如，若以例 3 为原命题，那么通过对它的变式 3-1、3-2、3-3 的探究与推广，我们可以对其所反映的问题形成一系列的概括性认识，如结论 1、2、3、4。同时，还可以加深对概念 $d(P)=\frac{|PF|}{|FQ|}$的理解。

例 3 （2019 年上海春季高考第 20 题）已知抛物线方程 $y^2=4x$ 的焦点为 F，P 为抛物线准线上一点，Q 为线段 PF 与抛物线的交点，定义：$d(P)=\frac{|PF|}{|FQ|}$。

（Ⅰ）当 $P(-1,-\frac{8}{3})$时，求 $d(P)$；

（Ⅱ）证明：存在常数 a，使得 $2d(P)=|PF|+a$；

（Ⅲ）若 P_1、P_2、P_3 为抛物线准线上三点，且 $|P_1P_2|=|P_2P_3|$，判断 $d(P_1)+d(P_3)$ 与 $2d(P_2)$ 的关系。

变式 3-1：已知抛物线方程 $y^2=2px(p>0)$ 的焦点为 F，P 为抛物线准线上一点，Q 为线段 PF 与抛物线的交点，定义：$d(P)=\frac{|PF|}{|FQ|}$。

（Ⅰ）是否存在常数 a，使得 $|PF|=a[d(P)-1]$？

（Ⅱ）若 P_1、P_2、P_3 为抛物线准线上三点，且 $|P_1P_2|=|P_2P_3|$，判断 $d(P_1)+d(P_3)$ 与 $2d(P_2)$ 的关系。

变式 3-2：已知椭圆 $\frac{x^2}{9}+\frac{y^2}{5}=1$ 的左焦点为 F，P 为椭圆左准线上一点，Q 为线段 PF 与椭圆的交点，定义：$d(P)=\frac{|PF|}{|FQ|}$。

（Ⅰ）是否存在常数 m，使得 $|PF|=m[d(P)-1]$？

（Ⅱ）若 P_1、P_2、P_3 为椭圆左准线上三点，且 $|P_1P_2|=|P_2P_3|$，判断 $d(P_1)+d(P_3)$ 与 $2d(P_2)$ 的关系。

变式 3-3：已知双曲线 $\frac{x^2}{9}-\frac{y^2}{5}=1$ 的右焦点为 F，P 为双曲线右准线上一点，Q 为线段 PF 与双曲线的交点，定义：$d(P)=\frac{|PF|}{|FQ|}$。

（Ⅰ）是否存在常数 m，使得 $|PF|=m[d(P)-1]$？

（Ⅱ）若 P_1、P_2、P_3 为双曲线右准线上三点，且 $|P_1P_2|=|P_2P_3|$，判断 $d(P_1)+d(P_3)$ 与 $2d(P_2)$ 的关系。

结论 1：已知抛物线方程 $y^2=2px(p>0)$ 的焦点为 F，P 为抛物线准线上一点，Q 为线段 PF 与抛物线的交点，定义：$d(P)=\frac{|PF|}{|FQ|}$。若 P_1、P_2、P_3 为抛物线准线上三点，且 $|P_1P_2|=|P_2P_3|$，则

（Ⅰ）$|PF|=p[d(P)-1]$；

（Ⅱ）$d(P_1)+d(P_3)>2d(P_2)$。

结论 2：已知椭圆$\frac{x^2}{a^2}+\frac{y^2}{b^2}=1(a>b>0)$的焦点为 F，P 为对应焦点 F 的准线上一点，Q 为线段 PF 与椭圆的交点，定义：$d(P)=\frac{|PF|}{|FQ|}$。若 P_1、P_2、P_3 为对应焦点 F 的椭圆左准线上三点，且 $|P_1P_2|=|P_2P_3|$，则

（Ⅰ）$|PF|=\frac{b^2}{a^2}[d(P)-1]$；

（Ⅱ）$d(P_1)+d(P_3)>2d(P_2)$。

结论 3：已知双曲线$\frac{x^2}{a^2}-\frac{y^2}{b^2}=1(a>0,b>0)$的焦点为 F，P 为对应焦点 F 的准线上一点，Q 为线段 PF 与双曲线的交点，定义：$d(P)=\frac{|PF|}{|FQ|}$。若 P_1、P_2、P_3 为对应焦点 F 的双曲线准线上三点，且 $|P_1P_2|=|P_2P_3|$，则

（Ⅰ）$|PF|=\frac{b^2}{a^2}[d(P)-1]$；

（Ⅱ）$d(P_1)+d(P_3)>2d(P_2)$。

结论 4：已知圆锥曲线的焦点为 F，P 为对应焦点 F 的圆锥曲线准线上一点，Q 为线段 PF 与圆锥曲线的交点，定义：$d(P)=\frac{|PF|}{|FQ|}$。若 P_1、P_2、P_3 为对应焦点 F 的圆锥曲线准线上三点，且 $|P_1P_2|=|P_2P_3|$，则

（Ⅰ）$|PF|=ep[d(P)-1]$（e 为圆锥曲线的离心率，p 为焦点到对应准线的距离）；

（Ⅱ）$d(P_1)+d(P_3)>2d(P_2)$。

12.1.2 发现一些背景知识

若以例 4 为原命题，那么通过对它的变式 4-1、4-2 的探究，我们不难发现隐藏在其背后的背景知识，原来是与定值问题有关的“囚鸟”模型。

例 4 （2011 年四川高考文科第 21 题）如图 12-1 所示，过点 $C(0,1)$ 的椭圆 $\frac{x^2}{a^2}+\frac{y^2}{b^2}=1$ $(a>b>0)$ 的离心率为 $\frac{\sqrt{3}}{2}$，椭圆与 x 轴交于两点 $A(a,0)$、$B(-a,0)$，过点 C 的直线 l 与椭圆交于另一点 D，并与 x 轴交于点 P，直线 AC 与直线 BD 交于点 Q。

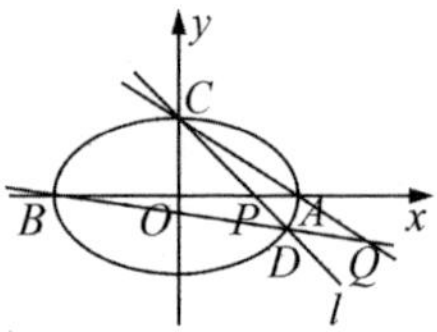

图 12-1

（Ⅰ）当直线 l 过椭圆的右焦点时，求线段 CD 的长；

（Ⅱ）当点 P 异于点 B 时，求证：$\overrightarrow{OP}\cdot\overrightarrow{OQ}$ 为定值。

变式 4-1：如图 12-2 所示，已知椭圆 $\frac{x^2}{a^2}+\frac{y^2}{b^2}=1(a>b>0)$ 过点 $C(0,b)$，椭圆与 x 轴交于两点 $A(a,0)$、$B(-a,0)$，过点 C 的直线 l 与椭圆交于另一点 D，并与 x 轴交于点 P，直线 AC 与直线 BD 交于点 Q。当点 P 异于点 B 时，求证：$\overrightarrow{OP}\cdot\overrightarrow{OQ}$ 为定值。

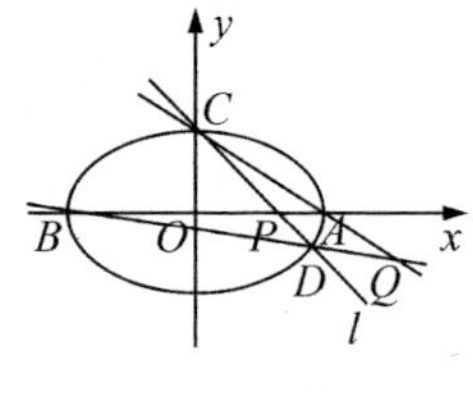

图 12-2

变式 4-2：如图 12-3 所示，已知椭圆 $\frac{x^2}{a^2}+\frac{y^2}{b^2}=1(a>b>0)$ 过点 $C(0,b)$，椭圆与 x 轴交于两点 $A(a,0)$、$B(-a,0)$，过点 C 的直线 l 与椭圆交于另一点 D，并与 x 轴交于点 P，直线 BC 与直线 AD 交于点 R。当点 P 异于点 B 时，求证：$\overrightarrow{OP}\cdot\overrightarrow{OR}$ 为定值。

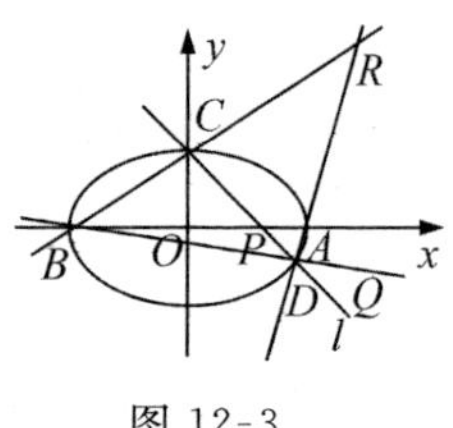

图 12-3

如图 12-4 所示，因为 $\triangle PQR$ 为自极三角形，极点 P 虽然会在 AB 上移动，但其纵坐标却恒为 0，这样极线 QR 永远与 x 轴垂直，从而 $\overrightarrow{OP}\cdot\overrightarrow{OQ}$ 恒为定值。因此，呈现在图象上，无论直线 l 怎样转动，Q、R 两点都会在 P 点相应的极线上，仿佛一双尾翼被囚禁在绳索上的

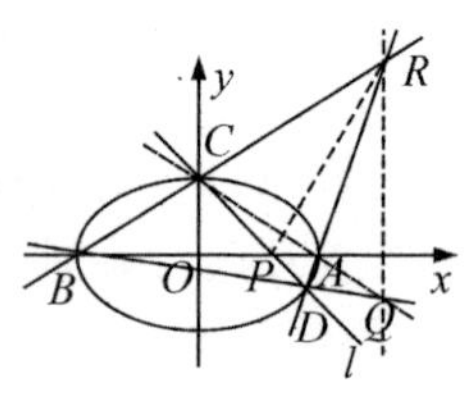

图 12-4

鸟儿，想要飞翔，却挣脱不了绳索的禁锢。

若以例 5 为原命题，那么通过对它的探究和反思，再联想与“马尔科夫”模型有关的其他问题，如液体中微粒所作的布朗运动、传染病受感染的人数、股票市场行为的描述、群体的增长等，我们不难发现隐藏在其背后的原理不过是“赌徒输光问题”。

例 5 （2019 年全国高考理科Ⅰ第 21 题）为了治疗某种疾病，研制了甲、乙两种新药，希望知道哪种新药更有效，为此进行动物试验。试验方案如下：每一轮选取两只白鼠对药效进行对比试验。对于两只白鼠，随机选一只施以甲药，另一只施以乙药。一轮的治疗结果得出后，再安排下一轮试验。当其中一种药治愈的白鼠比另一种药治愈的白鼠多 4 只时，就停止试验，并认为治愈只数多的药更有效。为了方便描述问题，约定：对于每轮试验，若施以甲药的白鼠治愈且施以乙药的白鼠未治愈，则甲药得 1 分，乙药得 -1 分；若施以乙药的白鼠治愈且施以甲药的白鼠未治愈，则乙药得 1 分，甲药得 -1 分；若都治愈或都未治愈，则两种药均得 0 分。甲、乙两种药的治愈率分别记为 α 和 β，一轮试验中甲药的得分记为 X。

（Ⅰ）求 X 的分布列；

（Ⅱ）若甲药、乙药试验开始时都赋予 4 分，$p_i(i=0,1,\cdots,8)$ 表示“甲药的累计得分为 i 时，最终认为甲药比乙药更有效”的概率，则 $p_0=0, p_8=1, p_i=ap_{i-1}+bp_i+cp_{i+1}(i=1,2,\cdots,7)$，其中 $a=P(X=-1), b=P(X=0), c=P(X=1)$。假设 $\alpha=0.5, \beta=0.8$。

（ⅰ）证明：$\{p_{i+1}-p_i\}(i=0,1,2,\cdots,7)$ 为等比数列；

（ⅱ）求 p_4，并根据 p_4 的值解释这种试验方案的合理性。

若设甲药累计得 $i(i=0,1,2,\cdots,7,8)$ 分，且在对应数轴上的点为 M_i。那么，当甲药累计得分不是 0 或 8 时，由于在下一轮试验中，甲药的得分可能是 -1，也可能是 0 或者是 1，因此甲药的累计得分可能是 $i-1$，也可能是 i 或者是 $i+1$。即再进行一轮试验后，甲药的累计得分的对应点分别以概率 $a=P(X=-1), b=P(X=0), c=P(X=1)$ 向负的方向移动一个单位、不动或者向正的方向移动一个单位，从而到达点 M_{i-1}、M_i 或者 M_{i+1}。也就是说，甲药累计得分的对应点是数轴上依概率移动的整数点，但向左不小于 0，向右不大于 8，且一旦到达 M_0 或 M_8，移动即停止。这样，问题的背景就呈现出来了：数轴上有两个吸收壁的随机游动问题。和经典的随机游动不同的是，它多了一个“不动”的状态。一般地，设一个质点 M 在数轴上 $0,1,2,\cdots,k(k\in\mathbf{N}^*)$ 这 $k+1$ 个点上随机游动，且当它在 0 或 k 时，M 就一直在那里不动了。我们称 0 与 k 为两个吸收壁。设在时刻 n 时质点 M 在点 $i(0<i<k)$ 处，在时刻 $n+1$ 时质点 M 到点 $i-1$ 的概率为 $a(0<a<1)$，仍在点 i 的概率为 $b(0<b<1)$，到点 $i+1$ 的概率为 $c(c=1-a-b)$，那么由全概率公式可以推导出质点 M 被 k 吸收的概率为 $P_i=aP_{i-1}+bP_i+cP_{i+1}(i=1,2,\cdots,k-1)$。这就是著名的有两个吸收壁的随机游动问题，一个具体而又典型的例子就是“赌徒输光问题”。

显然，由隐藏在例 4、例 5 背后的背景知识，我们可以了解到一些与“囚鸟”模型和“马尔科夫”模型有关的试题的源与流以及命题规律，从而进一步处理好与这些背景知识有关的各种棘手问题。

12.1.3 开展许多具有针对性的教学活动

在一次月考后，针对一些学生在空间想象、运算求解、逻辑推理等方面所暴露出来的短板，我们以例 6 为原命题，以变式 6-1、6-2、6-3、6-4 为辅助，开展了有针对性的教学活动，进而解决学生在这些方面所存在的问题。

例 6 （2020 年新高考全国卷Ⅰ第 20 题）如图 12-5 所示，四棱锥 P-$ABCD$ 的底面为正方形，$PD\perp$底面 $ABCD$，设平面 PAD 与平面 PBC 的交线为 l。

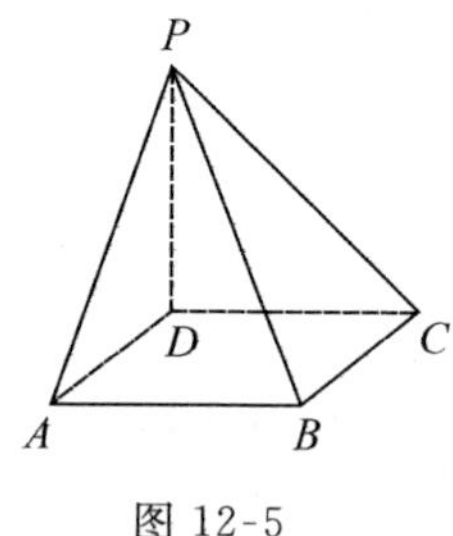

图 12-5

（Ⅰ）证明：$l\perp$平面 PDC；

（Ⅱ）已知 $PD=AD=1$，Q 为 l 上的点，求 PB 与平面 QCD 所成角的正弦值的最大值。

变式 6-1：若 $PD=AD=1$，求直线 PB 与直线 AD 夹角的正弦值。

变式 6-2：若四棱锥 P-$ABCD$ 的底面为菱形，求证：$AC\perp$平

面 PBD。

变式 6-3：若将条件“平面 PAD 与平面 PBC 的交线为 l”改为“$PD=AD$，E 是 PC 的中点，过点 E 作 $EF\perp PB$，垂足为 F”，请证明：

（Ⅰ）$PA//$平面 EDB；

（Ⅱ）$PB\perp$平面 EFD。

变式 6-4：若 $PD=AD$，E 是 PC 的中点，求证：

（Ⅰ）$DE\perp$平面 PBC；

（Ⅱ）若四棱锥 P-$ABCD$ 的体积为 V_1，四面体 $EBCD$ 的体积为 V_2，求$\dfrac{V_1}{V_2}$的值。

再例如，为了使学生更好地理解在导数问题中，有关方程的根、函数的零点、函数图象的交点之间的关系，我们以例 7 为原命题，以变式 7-1 至变式 7-7 为素材开展有针对性的探究活动，进而提高学生对这一关系的认识，并提高他们解决这方面问题的能力。

例 7　已知函数 $f(x)=a\ln x+\dfrac{1}{x}(a\in\mathbf{R})$。

（Ⅰ）当 $a=2$ 时，求曲线 $y=f(x)$在点$(1,f(1))$处的切线方程；

（Ⅱ）如果函数 $g(x)=f(x)-2x$ 在$(0,+\infty)$上单调递减，求 a 的取值范围；

（Ⅲ）当 $a>0$ 时，讨论函数 $y=f(x)$零点的个数。

变式 7-1：设函数 $f(x)=\ln x+\dfrac{m}{x}$，$m\in\mathbf{R}$。讨论函数 $g(x)=f'(x)-\dfrac{x}{3}$零点的个数。

变式 7-2：已知函数 $f(x)=\mathrm{e}^x-1-ax(a\in\mathbf{R})$。试探究函数 $F(x)=f(x)-x\ln x$ 在定义域内是否存在零点，若存在，请指出有几个零点；若不存在，请说明理由。

变式 7-3：已知函数 $f(x)=ax^3+bx^2$ 在点$(3,f(3))$处的切线方程为 $12x+2y-27=0$。若方程 $f(x)=-\dfrac{1}{2}x^2+m$ 有三个不同

的解，求实数 m 的取值范围。

变式 7-4：已知函数 $f(x)=\ln(2ax+1)+\frac{x^3}{3}-x^2-2ax(a\in\mathbf{R})$，当 $a=-\frac{1}{2}$ 时，方程 $f(1-x)=\frac{(1-x)^3}{3}+\frac{b}{x}$ 有实根，求实数 b 的最大值。

变式 7-5：已知函数 $f(x)=\frac{e^x}{x}$。问集合 $\{x\in\mathbf{R}\mid f(x)-bx=0\}$ $(b\in\mathbf{R}$ 且为常数$)$的元素有多少个？

变式 7-6：已知函数 $f(x)=ax+\frac{1}{x}$ 且 $a>0$。设函数 $g(x)=\frac{1}{x}+\ln x$，若 $f(x)$ 与 $g(x)$ 的图象在区间 $(1,e^2)$ 上有两个不同的交点，求实数 a 的取值范围。

变式 7-7：已知函数 $f(x)=-x^2+8x$，$g(x)=6\ln x+m$。是否存在实数 m，使得 $y=f(x)$ 的图象与 $y=g(x)$ 的图象有且只有三个不同的交点？若存在，求出 m 的取值范围；若不存在，说明理由。

12.1.4　举一反三、殊途同归

若以例 8 为原命题，以变式 8-1 至变式 8-7 为其补充，那么通过对这些问题的探究，可以使我们举一反三、殊途同归，并能更好地看到与例 8 有关问题的本质。

例 8　3 个班分别从 5 个风景点中选择 1 处游览，不同选法的种数为________。

变式 8-1：一辆公交车有 5 个下客站，车上 3 名乘客不同的下车方式的种数为________。

变式 8-2：3 名工人分别要在 5 天中选择 1 天休息，不同选择方法的种数为________。

变式 8-3：将 3 封信投入 5 个邮局，不同的投法种数为________。

变式 8-4：3 名同学分别报名参加学校的足球队、蓝球队、排球队、乒乓球队、羽毛球队，每人限报其中一个运动队，不同的报名方

法的种数为________。

变式8-5:5名运动员参加体操的单杠、双杠和吊环3项单项决赛,冠军的获得种数为________。

变式8-6:3名同学去听同时进行的5个课外知识讲座,每名同学可自由选择听其中的1个讲座,不同的选法种数为________。

变式8-7:3名学生分别编入5个班级,不同的编排方法种数为________。

上面的问题虽然在背景上有所不同,但在本质上并没有什么不同。它们都是要求从3个元素的集合$A=\{a_1,a_2,a_3\}$到5个元素的集合$B=\{b_1,b_2,b_3,b_4,b_5\}$的映射的个数。又因为$A$中每一个元素在$B$中的象都有5种不同的选择,即有5个不同的映射,而$A$中共有3个不同的元素,所以从$A$到$B$共有$5\times5\times5=5^3$个不同的映射。即这些问题的解都是$5^3$种。而这类问题,不仅在排列组合中大量存在,在其他的知识中,如函数、不等式、立体几何、解析几何、导数等中也有很多。如果我们能给予足够的重视,并进行持之以恒的研究,那么对于提高我们举一反三、殊途同归的能力,特别是提高我们透过现象看问题本质的能力,无疑具有非常重要的意义。

不过要强调的是,迄今为止,关于对变式的界定及分类等实际上并无定论。一般对变式的所言,包括本文的见解,也不过是个人之见。但实践证明,变式是一个行之有效,且深受广大教师喜爱的教学手段。基于此,笔者希望本文能引起大家的关注,并欢迎有兴趣的老师共同探讨这一问题。

参考文献

[1]李家书,刘玉凤.浅析数学变式的本质、原则和方法[J].数学通讯,2021(1):22-24.

[2]肖凌戆.从数学深度学习走向数学深度教学——以“圆锥曲线探索性问题”为例[J].数学通讯,2020(12):7-11.

[3]王杨,方燕清.一道高考圆锥曲线定值问题的解法探索与模型赏析[J].试题与研究,2019(32):39-40.

[4]王芝平,张唯一,李振雷.2019 年高考全国Ⅰ卷理科概率问题的解析与背景[J].数学通报,2019,58(8):55-57.

[5]杨晓敏.一道立体几何题的变式探究与备考建议[J].中学数学教学参考,2020(12):60-61.

[6]何豪明.一组形异质同的排列组合问题[J].中学生数学,2006(1):8.

13　为什么要跨学段备课

学段是我国实施新课程标准以来，在探索学校教育教学管理时，所建立起来的一种专门用于教学管理的学习模式。这种学习模式，既有针对不同学校的，也有针对不同年级的。例如，针对不同学校的，可划分为学前学段、小学学段、初中学段和高中学段。针对不同年级的，可分为一年级学段、二年级学段、三年级学段。其中，在高中学段，除了按年级划分为高一学段、高二学段和高三学段之外，还可以作进一步的划分，如把高一年级的第一学期进一步划分为第一学段和第二学段。显然，前者针对学校的学段，持续的时间较长，一般可为几年，且年限也不等。例如，一般小学的学习时间为五年，初中和高中的学习时间都为三年。后者针对年级的学段，持续的时间较短，一般为几个月或者十几个月。例如，高一年级第一学期的第一学段就两个多月，但是高一学段则接近 11 个月。这样，后者所指的学段，一般都是前者在某一时间段上的某一具体的学习时间划分。

跨学段备课，既指同一学校不同年级所在学段的老师之间开展的备课活动，也指不同学段的学校不同年级所在学段的老师之间开展的备课活动。例如，在同一学校，高一学段的老师请高三学段的老师为他们介绍有关今年高考的变化情况，并指导他们如何做好高一学生的教学工作等，就是在同一学校不同年级所在学段的老师之间开展的一种跨学段备课活动。而在教研员的组织下，某一初中学校初三学段的老师与另一高中学校高一学段的老师之间，为了更好地进行初高中教学内容衔接所开展的有关教研活动，则是不同学段的学校不同年级所在学段的老师之间所开展的一种跨学段备课活动。

跨学段备课,并不是什么新生事物。可以说,很早就有。不过在过去,所谓的跨学段备课,一般都是指在同一学校,在不同年级学段的老师之间所开展的备课活动。也有在不同学段的学校之间,由不同年级学段的老师所开展的针对某一特定教学内容的备课活动。但是,近年来随着深度学习、主题或单元教学活动的广泛开展,跨学段备课,正在发展成为一种有组织、有目的的区域性教研活动,且具有针对性、目标性和问题解决性等特点。而且规模也越来越大,甚至可以跨省市进行。内容也变得越来越丰富,既有关于有关教材内容的,也有关于课标、教学理论的,甚至还有关于数学史、数学与其他学科融合的。

那么为什么要跨学段备课呢?从当前的实施效果来看,主要有以下几方面原因。

13.1 更好地了解某一知识在各个学段的分布情况

通过跨学段备课,我们可以了解统计知识在我国基础教育的各个学段的分布情况,如图 13-1 所示。

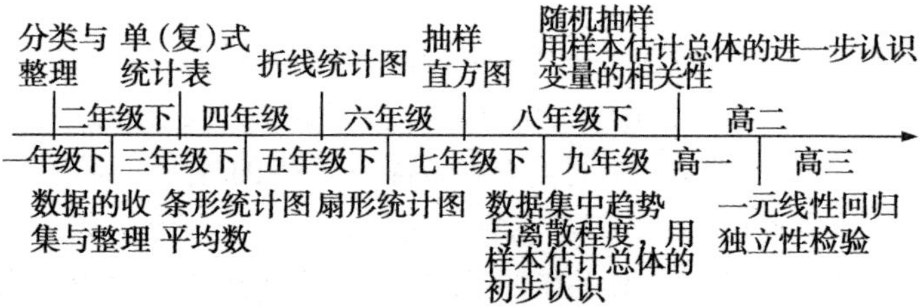

图 13-1 统计知识在小学、初中和高中各个学段的分布

13.2 更好地了解某一知识在各个学段的差异情况

通过跨学段备课，我们可以了解统计知识在我国基础教育各个学段都存在着哪些差异，这些差异随着学段的递进是怎样变化的。统计知识在小学、初中和高中学段的学习内容和学习要求如图 13-2 所示。

学习内容		学习要求
高中：简单的随机抽样（分层抽样），频率分布（表、直方图、折线图），茎叶图，散点图，最值，极差，方差，标准差，百分位数，总体密度曲线，样本（总体）的数字特征，相关关系，相关系数，最小二乘法，回归方程，卡方，2×2 列联表。	随着学段的递进	**高中**：能用适当的抽样方法从总体中抽取样本，能画频率分布表、茎叶图、散点图等，会计算标准差、相关系数、卡方等，能用随机抽样和样本估计总体的思想，能用回归、独立性检验的思想解决一些简单的实际问题，理解相关关系与确定关系、相关分析和回归分析、统计思维与确定思维的差异等。
初中：平均数，中位数，众数，方差，标准差，极差，频数，直方图，简单的随机抽样，估计，总体，个体，样本，样本（总本）的平均数、方差，随机现象，变化趋势。	在内容上不断丰富深入 ↑ 在要求上层次性不断提高	**初中**：能进行简单的随机抽样，能画频率分布直方图等，能计算平均数、方差，能用样本的平均数和方差估计总体的平均数和方差，能通过表格、折线图、趋势图等感受随机现象的变化趋势，了解集中趋势、离散程度的统计含义。
小学：分类，标准，数据，收集，整理，调查，分析，描述，单（复）式统计表，条形（折线、扇形）统计图，平均数，频数，频率，分数，数据的随机性。		**小学**：能根据标准进行分类，能选择适当的方法（计数、调查、实验、测量）收集数据，能用适当的方式（文字、图、表）描述和表示数据，能计算平均数，并能解释其意义，能解释统计结果，并能根据结果作出简单的判断和预测。

图 13-2　统计知识在小学、初中和高中各个学段的差异情况

13.3 更好地了解某一知识在各个学段的侧重点

通过跨学段备课，我们可以了解统计知识在我国基础教育各个学段的侧重点以及在各个学段的具体学习内容和要求，如表13-1所示。

表 13-1 统计知识在小学、初中和高中各个学段的侧重点安排

核心知识点	各个学段的侧重点		
	小学	初中	高中
数据的收集	主要是百位以内的数	有百位以内的数，也有亿位以上的数	无要求（数学建模除外）
数据的获取	主要是全面调查。也有实验以及计数、观察、测量、查询等	主要是简单的抽样，如抽签法、随机数表法等	主要是抽样，包括简单的随机抽样、分层抽样
统计图/表	掌握 3 种统计图（条形图、折线图、扇形图）、2 种统计表（单、复式表）	掌握 6 种统计图（条形图、折线图、扇形图、频数分布图、趋势图、树状图等）、3 种统计表（单、复式表，频数分布表）	掌握 9 种统计图（柱形图、折线图、扇形图、茎叶图、频数分布直方图、频率分布直方图、散点图、雷达图、数据分布图形）、3 种统计表（单、复式表，频率分布表）

续表

核心知识点	各个学段的侧重点		
	小学	初中	高中
统计量/特征数字/模型	掌握3个统计量(平均数、频数、频率)	掌握9个统计量(平均数、中位数、众数、加权平均数、方差、标准差、极差、频数,以及样本和总体的平均数、方差等)	掌握10个统计量/模型(最值、平均数、中位数、众数、极差、方差、标准差、百分位数、一元线性回归、独立性检验)
数据的处理	能列统计表,画统计图,算统计量(主要是平均数)	能用简单的样本参数(如平均数、方差)估计总体的情况	既能用样本参数(如平均数、方差)估计总体的情况,也能用回归方程估计模型参数,以及用卡方检验参数估计结果等
对完成任务的要求	能从数据的自身特征中获取信息	既能从数据的自身特征中提取信息,也能从样本的特征中获取信息	既能从样本的特征中获取信息,也能从两个变量的相关分析、回归分析,以及卡方检验中获取信息
对统计结果(数据信息)的呈现	主要是描述法	主要是估计法	主要是推断法

13.4 更好地了解某一知识在各个学段的要求变化情况

以平均数为例：在小学，主要是让学生知道它是一组数据的代表值，而且还是这一组数据平均水平的代表值。到了初中，在小学学习的基础上，让学生进一步知道平均数是一种集中趋势的测度，它反映了一组数据向某一中心值的靠拢程度。到了高中，在小学和初中学习的基础上，让学生再进一步知道平均数还是一个估计值，它是用来估计总体的某一个数值，这个值由样本决定。因此，平均数的大小、性质等都将由这个样本来决定，而样本是一个随机数，具有不确定性。因此，它也是一个随机数，具有不确定性。所以，当用它来估计总体时，它只能被视作对总体的某一个估计值。那么用它估计总体是否可行呢？用它估计总体时的精度是否可以度量呢？由概率论的大数定律和中心极限定理我们可以知道，当取得它的数量足够多时，这种估计方法是可行的，且精度也是可以度量的。

再以数据为例：在小学，主要是让学生知道数据中蕴含信息，数据具有随机性，只要收集的数据足够多，就可以从中发现规律以及如何利用图、表、统计量等，对数据所反映出来的信息进行描述和刻画等。到了初中，在小学学习的基础上，还要让学生进一步知道，收集数据不能仅限于全面收集，有时还需要进行部分收集，即抽样，以及如何利用样本平均数和方差估计总体的平均数和方差等。到了高中，在小学和初中学习的基础上，还要让学生进一步知道，虽然样本能在一定程度上反映总体的情况，并可以用来估计总体，但它并不是唯一的方法，还有许多其他的方法可供选择。例如，卡方检验同样可以推断总体，所不同的是，它不是直接用样本估计总体，而是先对总体的参数作出假设，然后再验证这个假设是否真实，等等。以上方法，虽然思路有所不同，但是都能从各自的角度出发，用样本推断出总体。这些方法没有好坏之分，只有可行与不可行之说。但不论怎样，它们都有局限性。因为，所抽取的样本是随机的，所用的估计方法充满了诡异。因此，当用它们预测总体时，很可能会出现失误。

显然，这种跨学段备课，对于不同学段的学校，或者对于不同年级学段的教师来说，都具有非常重要的意义。对于不同学段的学校来说，它可以有效调动学校管理人员的工作积极性，提高他们的工作效率，同时还可以优化学校各种资源的配置，最大限度地发挥学校教学资源的优势。对于不同年级学段的教师来说，它不仅可以弥补他们在自己所教年级学段备课的不足，而且还可以让他们从不同的角度、不同的水平、不同的方向、不同的层次，了解他们所教的课程在各个学段的设置情况、要求情况、变化情况等，进而更好地设计自己今后的教育教学方案以及做好相关的教育教学管理工作等。

此外，跨学段备课还可以开展很多具有针对性的专题研究。例如，通过跨学段备课的研究，我们可以更好地了解统计学知识在当前的大数据、云计算时代都发生了什么变化，这些变化都表现在哪些方面。以“数据”这个概念为例：传统统计学的数据，一般指的都是定量或定性数据。这些数据都具有一定的完整性、精确性、可比性与一致性等特点，并可以使用统计指标、统计图表等来表示。但是，大数据、云计算统计学的数据，则指的都是非定量或非定性数据。这些数据，往往杂乱、不规则、不精确、不稳定，而且还具有可以随时进行记录、存储和调入调出以及大量性、流动性、多样性和高速性等特点。下面再以“样本”为例进行说明。传统统计学的样本，一般指的是用于估计或推断总体的一部分个体。但是，大数据、云计算统计学的样本，指的就是总体或者是总体在某一个时间段上的数据。再例如，在对数据的处理过程中，大数据、云计算的统计分析目前已发展成两步(定量—定性)。但是，传统统计学的统计分析仍为三步(定性—定量—再定性)。大数据、云计算的推断分析，已不再考虑分布理论了。但是，传统统计学的推断分析，仍然要以分布理论为基础。大数据、云计算的实证分析的分析思路，已发展成为发现—总结，但是，传统统计学的实证分析还停留在假设—验证阶段。

具体如表 13-2 所示。

表 13-2　传统统计学与大数据、云计算统计学对数据的处理对比

	传统统计学	大数据、云计算统计学
统计分析	分三步:定性—定量—再定性。 首先通过经验判断找到统计方向,即目的。然后,在此基础上,对数据进行量化、分析、处理等,最后根据结果得出结论	分两步:定量—定性。 首先找到“定量的回应”,然后从各种“定量的回应”中找出有价值的数据,并进行分析,从中找出数据的特征和数量关系,进而进行判断与决策
推断分析	以分布理论为基础,在概率保证的前提下,对总体进行推断,通常是根据样本特征去推断总体特征	不需要根据分布理论来推断总体特征,但需要根据计算方法进行计算。实际上就是以实际分布为基础,根据总体的特征,进行概率的判断
实证分析	分析思路:假设—验证。 首先提出假设,接着按照统计方法进行数据的收集、分析、展示,最后通过所得到的结论对假设进行验证	分析思路:发现—总结。 直接对数据进行整合,然后从中寻找关系、发现规律,最后进行总结,形成结论

再例如,在研究对象上,大数据、云计算统计学的研究对象,除了可以是用数量关系来度量的结构化数据,如平均数、中位数、众数、极差、方差、标准差等,还可以是不能用数量关系来衡量的半结构化或非结构化数据,如文本、图片、视频、声音、动画、地理位置等。而传统统计学的研究对象仍是结构化数据。在研究方法上,大数据、云计算统计学的研究方法,除了仍以归纳推理为基本研究方法之外,为了对数据的信息进行更深入的挖掘和利用,还常常辅以演绎推理等。而传统统计学的研究方法主要是归纳推理,通过归纳推理,分析样本数据的特征,进而推断总体的情况。在研究侧重点上,

大数据、云计算的统计学，由于面对的数据规模巨大且复杂多变等，因此它不仅要像传统统计学那样关注与因果关系有关的线性相关关系，而且还要关注其他的相关关系。而且在一般情况下，尽管它还无法知道这些相关关系究竟是一种怎样的存在，但仍要根据其相依程度、亲疏程度等对其进行探讨、判断。而传统统计学的研究侧重点主要是与因果关系有关的线性相关关系。

显然，如果我们能够了解到统计知识所发生的这些变化，那么，对于我们认识统计知识，特别是从整体上认识当前我国基础教育课程所安排的统计知识与其他知识的关系，以及如何让学生从整体上认识他们所学习的数学知识，无疑将具有非常重要的意义。从整体来看当前我国基础教育课程所安排的统计知识与其他知识的关系，我们就不难理解，为什么在安排传统数学（即确定性数学）的基础上，还要安排一定的统计学知识。这不仅与传统数学的地位与作用有关，与数学世界的多姿多彩有关，而且还与传统数学自身的优势与不足等有关。例如，在解决确定性问题时，传统数学虽然具有一定的优势，但是在面对具有不确定性关系的问题以及游离于确定与不确定之间的问题时，它的不足是非常明显的。而现实世界中的很多问题，实际上都是具有不确定性关系的问题，以及游离于确定与不确定之间的问题。统计学知识显然在一定程度上弥补了确定性数学在解决这方面问题时所存在的不足，它能解决一些确定性数学无法解决的不确定性问题。

从让学生从整体上认识他们所学习的数学知识的角度来看，这种课程内容的安排，不仅能让学生知道他们所熟悉的确定性数学是什么，而且还能让他们知道他们所学习的不确定数学又是什么，以及在这个不确定性的数学世界中，他们又应怎样认识问题、考虑问题以及探索和解决问题。同时，还能让学生逐渐感悟出这样一个道理：原来他们生活的这个大千世界，其中的绝大多数问题，无论是生活中的问题，还是学习中的问题，本质都是与概率有关的问题。因此，对于这些问题，如果我们能从概率统计的角度去看待它们，有时可能更容易理解。

总之，从实际意义上来看，跨学段备课虽然不及学段备课那样重要，但是作为对学段备课的一种有益补充，却是不可或缺的。而实践也证明，跨学段备课在开拓教师的视野，提高教师的专业素养以及提高学校的教育教学管理质量上，确实有着不容忽视的作用，且在未来还将发挥出越来越重要的作用。这也是在当前提倡开展跨学段备课的一个重要原因。

参考文献

[1]中华人民共和国教育部.义务教育数学课程标准[S].北京：人民教育出版社，2011.

[2]中华人民共和国教育部.普通高中数学课程标准(2017年版)[S].北京：人民教育出版社，2018.

[3]李金昌.大数据与统计新思维[J].统计研究，2014，31(2)：11-17.

[4]程开明，宋艺旋.大数据还需要抽样吗[J].中国统计，2017(11)：10-13.

[5]朱建平，张悦涵.大数据时代对传统统计学变革的思考[J].统计研究，2016，32(2)：3-9.

14 为什么要对教材进行比较分析

对教材进行比较分析是我们日常教学工作的一个基本环节，也是我们做好备课工作不可或缺的一种重要手段。对教材进行比较分析的原因有很多。一般来说，为了了解同一出版社根据不同时期的课程标准编写的教材对某一内容的处理情况，了解不同的出版社根据同一时期的课程标准编写的教材对某一内容的处理情况，以及怎样更好地把握这部分内容等。

对教材进行比较分析的原因，虽然有很多，但是它们并不都是等同的，即它们是有差别的，而且这种差别还很大。一般来说，对一个具有一定深度的教材进行比较分析，往往要比那些只是为了解决某一简单的问题而进行的教材比较分析更有意义。因为这样的比较分析更深刻，更能解决问题，同时，也能了解到更多的有关教材的信息。而这也是所有的分析原因中，最为重要的一种分析原因。

不过，要想做好对教材的比较分析，却并不是一件容易的事情。因为，你不仅要知道对这个教材进行比较分析的原因，而且还要知道怎么对这个教材进行比较分析，比较分析后还要做什么。对此我们引入下面的案例进行说明。

两种版本高中数学教材的内容比较分析①

[摘要]依据通用的国际教材比较方法，对人民教育出版社在不同时期出版的两种版本教材的差异进行比较，包括结构体系、内容设置、内容安排、内容呈现、概念原理的学习、例习题的设置及容量

① 本文发表在《中学数学杂志》2021 年第 5 期上，后又被中国人民大学书报资料中心转载在《高中数学教与学》2021 年第 8 期上。

等维度。结果发现,人民教育出版社2019年出版的《普通高中教科书·数学B版》(以下简称2019B版)克服了2004年出版的《普通高中课程标准实验教科书·数学B版》(以下简称2004B版)的许多不足。与2004B版相比,它更突出主题。但2019B版存在的问题也很突出。如,为了减少必修内容,它把一些传统的经典内容从必修中移出,弱化了一些传统逻辑知识,降低了对演绎推理等的学习要求,对一些有争议的问题,对数学的系统性、逻辑性等,缺乏应有的重视,在处理上也很不严谨。为此,对我国高中数学教材的建设提出几点建议:不应以减负为由,将一些传统的经典内容从必修中移出;不应以降低难度为由,弱化逻辑知识;不能降低对演绎推理的学习要求;要慎重对待有争议的问题;建模不能虚设;案例学习要有依据。

[关键词]高中数学;教材;比较分析;建议

1 问题提出与研究对象

教材比较研究表明,根据同一课程标准编写的教材,往往具有惊人的相似性和统一性,但根据不同时期课程标准编写的教材则差异很大。这种差异不仅表现在它们所代表的不同时期的数学教育、数学研究等水平上,也反映了当时人们对教材建设的一些思考、做法等。人民教育出版社是我国最大的教材研究编写专业机构,其所出版的教材历史悠久、使用广泛,并在一定程度上反映了我国在不同时期对数学教育教学的研究水平。本研究将从其出版的两种不同版本教材入手,通过比较它们的差异,探讨我国高中数学教材的建设问题。其中,所选教材分别为2019B版与2004B版。

2 文献综述与研究方法

两种版本教材在内容上的构成对比,是开展研究的基础。除了进行内容的逐一对照,还必须从特定的角度展开比较。关于教材分析、教材比较研究方面的文献很多。如学者蔡晓春、陆克毅认为:中学数学教材可以从社会历史、表层结构、深层结构、心理、教育功能等多个方面进行分析。学者周丽娇则认为,对不同教材进行比较分析,可以按以下步骤有序展开:通比教材——厘清教材分布的状况;

纵比教材——梳理教材的编排脉络;横比教材——把握教材的板块特征,等等。从这些专家、学者对教材的比较来看,教材比较的方法可以多种多样,切入的角度也可以有多个方面。如既可以从整体或微观细节切入,也可以从横向或纵向切入等。根据这些研究,本研究主要从以下七个维度展开:结构体系、内容设置、内容安排、内容呈现、概念原理的学习、例习题的设置及容量等。

3 研究内容

3.1 结构体系

在结构体系上,两种版本教材所采用的处理方式都是模块化,所不同的是,2019B版把模块称为主题。此外,2004B版采用的是模块加专题的形式,它共设置了10个模块和16个专题,每两个专题组成一个模块。2019B版则采用的是主题形式,它共设置了12个主题,未设专题。从整体来看,在结构体系上,2004B版对知识的设计很宽松,但2019B版对知识的设计很紧凑。

3.2 内容设置

在内容设置上,两种版本教材必修内容的差异不是很大,差异主要集中在选修内容上。另外,2019B版对2004B版的内容作了整体增减,增减主要集中在2004B版的选修内容上,对必修内容虽有增减,但不多。具体见表3-1。

表3-1 2019B版对2004B版的内容作的增减情况统计

减少与增加的内容	2004B版	2019B版
映射	必修1	无
三视图	必修2	无
算法初步,系统抽样	必修3	无
二元一次不等式(组),简单线性规划	必修5	无
命题及其关系(原命题、逆命题、否命题、逆否命题),简单的逻辑联结词(或、且、非)	1-1、2-1	无
推理与证明(反证法与数学归纳法(保留))	1-2、2-2	无

续表

减少与增加的内容	2004B版	2019B版
框图	1-2	无
数学史选讲	3-1	无
信息安全与密码	3-2	无
三等分角与数域扩充	3-6	无
几何证明选讲	4-1	无
矩阵与变换	4-2	无
坐标系与参数方程	4-4	无
不等式选讲	4-5	无
优选法与试验设计初步	4-7	无
统筹法与图论初步	4-8	无
风险与决策	4-9	无
开关电路与布尔代数	4-10	无
充分条件与判定定理、必要条件与性质定理、充要条件与数学定义的关系,等式的性质与方程的解集,一元二次方程的解集及其根与系数的关系,方程组的解集	无	必修1
最值,百分位数,众数,柱形图,折线图,扇形图,雷达图,误差,大数据,用编号样本估计总数,随机事件的独立性	无	必修2
复数的三角形式及其运算	无	必修4
全概率公式,贝叶斯公式(选学),相关系数与向量夹角的关系(拓展)	无	选择性必修2
微积分,空间几何与代数,统计与概率	无	A
微积分,空间向量与代数,应用统计,模型	无	B

续表

减少与增加的内容	2004B 版	2019B 版
逻辑推理初步,数学模型,社会调查与数据分析	无	C
美与数学,音乐中的数学,美术中的数学,体育运动中的数学	无	D
机器人与数学,生活中的数学,家庭理财与数学,地方建筑与数学,家乡经济发展的社会调查与数据分析,大学数学的先修类(微积分、解析几何与线性代数、概率论与数理统计)	无	E

由表 3-1 可以看出,2019B 版保留了 2004B 版的基本内容,这些内容都是数学的传统内容。保持这些内容的稳定有利于知识的传承。

3.3 内容安排

在内容安排上,两种版本教材的差异非常大。这种差异,不仅体现在对必修和选修内容的安排上,也体现在对同一板块与不同板块内容的安排上,对前置内容与后置内容的安排上。具体见表 3-2。

表 3-2 2019B 版对 2004B 版的内容作的移动情况统计

移动的内容	2004B 版	2019B 版
不等式(不含二元一次不等式(组)、简单线性规划)	必修 5	必修 1
常用逻辑用语(不含命题及其关系,简单的逻辑联结词)	1-1、2-1	必修 1
事件的独立性	2-3	必修 2
平面向量	必修 4	必修 2、必修 3
数系的扩充与复数的引入	1-2、2-2	必修 4

续表

移动的内容	2004B版	2019B版
平面解析几何初步(直线与直线方程、圆与圆的方程、空间直角坐标系)	必修2	选择性必修1
圆锥曲线与方程	1-1、2-1	选择性必修1
空间向量与立体几何	2-1	选择性必修1
变量的相关性	必修3	选择性必修2
计数原理,概率,统计案例	2-3	选择性必修2
统计案例	2-2	选择性必修2
数列	必修5	选择性必修3
数学归纳法	2-2、4-5	选择性 必修3(选学)
定积分与微积分	2-2	A、B
聚类分析、假设检验	2-3	B
反证法	1-2、2-2	C

由表3-2可以看出,平面解析几何初步原是2004B版中的必修内容,现被安排到2019B版的选修内容中。数系的扩充与复数的引入原是2004B版中的选修内容,现被安排到2019B版的必修内容中。平面解析几何初步、圆锥曲线与方程原是2004B版中不同模块的内容,现被调整到2019B版的同一模块中。平面向量原是2004B版的同一模块内容,现被调整到2019B版的不同模块中。不等式原是2004B版必修系列中的后置内容,现被调整到2019B版必修系列中的前置内容中。数列原是2004B版必修系列中的后置内容,现被调整到2019B版的选择性必修的后置内容中。在内容安排上,这种如此之大的调整实属罕见,很值得关注。但这种调整非常有利于突出主题,突出相关知识之间的内在联系。

3.4 内容呈现

在内容呈现上，两种版本教材的差异也很大。例如，对函数，2004B版把它设置成基本初等函数（Ⅰ）和基本初等函数（Ⅱ），但在2019B版中，则把它设置成一般函数与一些具体函数。再例如，对解析几何，2004B版把它分为平面解析几何初步和圆锥曲线与方程两部分来设置，但在2019B版中，则把二者合为一体。此外，为了提高教材的实用性，2019B版还对一些内容作了特殊处理。例如，为了加强初高中衔接，它把在2004B版中分散设置的等式与不等式，设置成独立的一章，等等。这种呈现方式，非常有利于提升教材的文化价值与应用性。

3.5 概念原理的学习

在概念原理的学习上，两种版本教材的差异也很大。主要体现在：2004B版强调模块化学习，2019B版则主张主线式学习；2004B版强调循序渐进、螺旋式上升，2019B版则主张集中精力、各个突破。此外，在对一些具体概念原理的学习上，2004B版所作的设计，系统性不是很强，也明显缺乏逻辑性，例如对简易逻辑的设计等。但2019B版则注意到了这些问题。例如，在对函数导数的设计上，2019B版就明显克服了2004B版的不足。

3.6 例习题的设置

两种版本教材，在例题设置上的差异也很大，差异主要表现在对逻辑推理的学习要求上。例如，由于2019B版弱化了一些逻辑知识，增加了一些应用内容等，这就使它在对逻辑推理的学习要求上，比2004B版降低了许多。在习题设置上，两种版本教材在题型上的差异不是很大，都是以封闭题为主，开放题很少。但在习题的要求、数量和难度上，2019B版比2004B版的要求更具有层次性，难度更大，数量也有所增加，特别是建模题的数量。

3.7 容量

在容量上，两种版本教材在必修、选修内容上差异都很大。由于将2004B版中的一部分必修内容，如平面解析几何初步、数列等移到了2019B版的选择性必修中，同时删除了2004B版中的一些必修内容,如三视图、算法等,致使2019B版比2004B版的必修内容减少了许多,但选择性必修内容比2004B版增加了许多。这对于减轻学生的学业水平考试负担,特别是使刚升入高中的初中学生尽快适应高中的学习具有非常重要的意义。

4　研究结论

由以上的内容比较与分析可以看出,2019B版克服了2004B版的许多不足,给人印象最深的是它更突出主题。所谓突出主题就是,一方面它把一些相近或联系紧密的内容有目的、有计划地整合到一起,另一方面它对这些内容的教学要求都作了明确规定,即哪些内容是了解、哪些内容是理解、哪些内容是掌握等。但2019B版存在的问题也很突出,例如,为了减少必修内容,它把一些传统的经典内容从必修中移出,弱化了一些传统逻辑知识,降低了对演绎推理等的学习要求,对一些有争议的问题,对数学的系统性、逻辑性等,缺乏应有的重视,在处理上也很不严谨,等等。

5　研究建议

5.1　不应以减负为由,将一些传统的经典内容从必修中移出

例如,平面解析几何初步。解析几何是人类在认识论与方法论上实现的第一次最重大突破,正是这一次突破,才结束了人类把数与形分开研究的历史。它让人类知道了如何用形来表示数,如何用数来研究形,并开创了人类用变量研究世界的新时代。将这样重要的内容从必修中移出,降为选修,是否妥当,值得商榷。

5.2　不应以降低难度为由,弱化逻辑知识

例如,为了降低难度,把数学归纳法降为选学,把反证法移到非考内容中。数学归纳法、反证法在中学数学以及其他学科中,虽然都有所体现,在整个基础教育中也都有渗透,但是,它们在数学中的地位与作用是不可忽视的。例如,没有反证法,你如何向学生说清楚$\sqrt{2}$为什么是无理数。再例如,没有数学归纳法,你也难以向学生说明白$1^2+2^2+\cdots+n^2=[n(n+1)(2n+1)]/6$等。从整体来看,高中数学中的逻辑知识本来就偏少,而且早就应该加强,但从这次课改来看,不但没有加强,反而弱化了。

5.3 不能降低对演绎推理的学习要求

自从公元前4世纪,欧几里得建立了初等几何公理系统,并在数学上首次完成了对初等几何的公理化以来,人类就从来没有停止过对数学公理化的探索。到目前为止,人类已基本完成了对大多数数学分支的公理化。公理化的目的就是要把由经验而得到的数学,运用逻辑学方法变成一个严谨的演绎系统,进而更好地表示数学、研究数学。这样,在数学的某一分支中出现的基本概念、基本命题,以及由它们所衍生出来的其他内容,如概念、判断、推理,包括定义、定理、公式、法则、命题等,就都是它的演绎系统中的内容。特别是衍生内容,它们都是按照一定的规则,经过适当的推理,特别是演绎推理而得到的。因此,在这个演绎系统中,演绎推理就变得异常重要了。但是从这两次修订的教材来看,无论是2004B版,还是2019B版,都没有充分认识到演绎推理的重要性,也缺乏建造演绎系统的应有措施。与演绎系统有关的内容,都被零散、支离破碎地安排在各个学段、各个章节之中,到了高三也没有把它们有效地整合出来,这对于学习演绎系统,特别是运用演绎推理解决问题的学生来说是非常不利的。此外,从对演绎推理的处理来看,2019B版也很粗鲁,例如对均值不等式的推导,本来应用演绎推理很容易解决的问题,但它却用大量的篇幅从实际问题中导出。再例如,即使是使用了演绎推理,它也不给出严谨的证明,如对两角和余弦公式的证明,等等。从国际教材的比较来看,2019B版的做法也有所不同。例如世界上的许多数学强国,如法国、俄罗斯等,他们的数学教材都非常重视演绎系统的建立,关注演绎推理。但2019B版则相反,即它不仅不重视对演绎系统的建立,而且还有意降低对演绎推理的学习要求。对此,很值得关注。

5.4 要慎重对待有争议的问题

在中学数学中存在着许多有争议的问题,例如,为什么对同一个函数给出两个定义,为什么给出没有极限的导数等。这些问题,不仅困扰着教师的教育教学,也影响着学生的学习。对于这些有争议问题的解决,很值得关注。例如,对函数的定义,从文献来看,对它的定义至少有三种。目前我国初中教材给出的函数定义是从变量对应定义中演变出来的，高中教材给出的函数定义是从集合对应定义中演化出来的。虽然二者都很好地克服了之前定义的不足，但存在的问题也很突出，其中之一就是它们在定义中都使用了“对应”一词。这是一个在数学中没有定义过的名词，用这样的名词给函数作界定，是不符合演绎数学概念界定法的。而且这个名词，学生并没有学习过。这样，如果不给他们讲，他们将很难理解函数的概念；如果给他们讲，就与2004B版的函数映射定义一样了，即先讲什么是映射，然后再讲函数。如果这样的话，2019B版给出的函数定义就没什么意义了，还不如就用2004B的函数映射定义。另外，在2019B版中所给出的函数定义也有问题，下面是它给出的定义：一般地，给定两个非空数集A与B，以及对应关系f，如果对于集合A中的每一个实数x，在集合B中都有唯一确定的实数y与x对应，则称f为定义在集合A上的一个函数，记作$y=f(x)$。在这个定义里，它虽然事先给出了对应关系f，但却没有给出在f下，才有对于每一个x在集合B中有唯一确定的实数y与x对应的结论。它的这种说法明显缺少前提，而且这是一个非常重要的前提，但在这个定义中，却没有体现出来。此外，像这样用对应这一概念给函数作界定的，也并非2019B版一种。新中国成立以来，我国数学教材中所给出的函数定义，基本都是这种情况。为什么会这样呢？这主要与我们国家的整体数学水平有关。国家的整体数学水平什么样，它的相应数学教育水平就什么样。对此可以追溯一下历史，这是中国教学百科全书(数学卷)中给出的函数定义。设X、Y是两个非空集合，对于$y=f(x)$，$x\in X$，$y\in Y$中的函数f包含着两个内容：其一，通过f把X映射到Y里面去，即$f:X\to Y$；其二，每一个$x\in X$在f的作用下对应着$f(x)$，即$x\to f(x)$。$f(x)$是在映射f的作用下x的象，而x是$f(x)$的一个原象。也正是因为这样，它影响了我国大半个世纪对函数的认识。不过，这并不是绝对的，在人民教育出版社1979年出版的数学手册中，就有这样的函数定义：设D是给定的一个数集，若有两个变量x和y，当变量x在D中取某一个特定值时，

变量 y 依确定的关系 f 也有一个确定的值，则称 y 是 x 的函数，f 称为 D 上的一个函数关系，记为 $y=f(x)$。在这个定义中就完全去掉了对应这一概念，而且言简意赅。可惜这样好的界定，却没有得到重视。这一界定的优点在于，它遵守了中国人的母语习惯和语法规则，也遵守了演绎数学的概念界定法。此外，它要比布尔巴基学派给出的集合关系定义更加通俗易懂。在布尔巴基学派给出的集合关系定义中，它先是人为地规定了一种集合和一种关系，在此基础上给出了函数的定义。虽然这种定义是目前世界各国通用的函数定义，也代表了当今世界对函数研究的最高水平，并且在一些国家还被采用到教材之中，但由于过于重视形式，且叙述复杂，仍有很多国家没有采纳。但人民教育出版社 1979 年给出的函数定义很值得参考。对此，建议 2019B 版中的函数定义可以改成这样：设 M、N 是两个非空数集，如果存在一个关系 f，使得对于 M 中的每一个元素 x，在 N 中依据关系 f 也确定一个唯一的元素 y，则称 y 是 x 的函数，f 称为 M 上的一个函数关系，记为 $y=f(x)$。

5.5　建模不能虚设

目前，在我国高中数学中，对实际问题的解决主要有两种模式：一种模式是把实际问题归结为某一数学模型来解决，另一种模式是建立某一数学模型来解决这个实际问题。这两种模式可以说都深深扎根于高中数学之中，并贯穿于高中数学的始终。但由于课标，特别是高考的原因，后者一直不受重视。虽然在 2003 版课标中也提出了建模问题，并在 2004B 版中得到了落实，但由于高考不考，因此这次所设置的建模只是走了一下形式。不过，回顾恢复高考以来的考查情况，在高考中也确曾有过对建模的考查，如 2000 年全国统一考试(数学理)就考过，但由于在平时教学中，对这类问题的关注不够，加之高考一般不考，因此，从这次考查情况来看，考生的答题情况普遍不好，于是对这种问题的考查就越来越少了。相反，随着 2003 版新课标把导数纳入高中数学，尤其是把它作为了高考的必考内容，这样本来在高考中应考的建模问题，从此就被导数取代了。而实际上导数是大学数学内容，把它下移到高中数学，有很多问题说不清楚，如单调、极值等。这样在教学时，老师很难把握好对它的教学要求，在高考时，也很难控制好对它的命题难度。这不仅大大削弱了导数的功能，也限制了学生的创造力。但建模则不存在这些问题，它允许学生自由地发挥他们的创造力，而且建模的背景非常丰富，特别地，它还集算术、算法、计算数学等于一体，是数学核心领域中的核心内容，其重要性是导数不可比的。但是这样重要的知识却被导数取代了，退出了它应有的历史舞台。对此，不能不引起关注。这次重新修订的2017版新课标，又加强了对数学建模的要求，这是可喜的，但从教材的安排来看，只是象征性地给出了一些问题，并没有什么具体的学习内容，更重要的是今后的高考是否考查，还不确定。如果这一轮课改还同上一轮课改一样，那么所谓的建模，在高中数学中仍是虚设。

5.6　案例学习要有依据

长期以来，我国数学教给学生的知识主要就是解题，所有的数学活动都是围绕着解题展开，只要能解题，只要能解对了题就可以了，至于它背后的原理是什么，为什么要这么做等，都无关紧要了。纵观我国的高中数学，无论是从新中国成立到现在，还是从改革开放到现在，可以说无不是如此，而且在高考指挥棒的指挥下还愈演愈烈。正因为这样，也就有了我们国家今天的整体数学水平一直徘徊不前的局面。这不仅使我国的数学水平与世界数学强国的差距越来越大，而且还严重影响到我国的数学发展，特别是对数学的发现。实际上数学要教给学生的不只是解题，还有它背后的原理，原理背后那些博大精深的思想，以及博大精深思想后面的哲学——一种理性精神(思维)。而要达到这种目的，教材内容的设置就变得非常重要了。可以说，这是关键。但是从这两次修订的教材来看，所设置的内容还不是很理想。最具有代表性的就是统计学。教材在设计统计学时，总是习惯把它设计成学习案例的统计学，在这种学习案例的统计学中，不仅人为地淡化、省略，甚至于删除了许多与数理统计有关的理论及原理，而且还把学习的知识设计成一些单纯的解题技巧。这样虽然学生能用这些解题技巧解决一些实际问题，但它背后的原理是什么就不得而知了。这种情况在2004B版时就已经引起了很大的质疑,但是在这次课改中,2019B版仍然延续了2004B版的做法。另外,问题还不止于此。这样的统计学,还往往会给学生造成误导。这对于以严谨著称的数学来说,不能不说是一个很需要关注的问题。总之,教授学生学习数学,并教会他们解题是重要的。但是,让他们知道其背后的原理也是必不可少的,尤其是那些博大精深的思想,以及博大精深思想后面的哲学——一种理性精神(思维)更是不可或缺的。而这正是数学的教育价值。

参考文献

[1]蔡晓春,陆克毅.关于数学教材分析方法的探讨[J].数学教育学报,1996(2):35-39.

[2]周丽娇.教材比较研究策略例谈[J].中小学数学,2013(11):11-12.

[3]綦春霞,曹辰,付钰.第三届国际数学教材研究与发展会议综述[J].数学教育学报,2020(2):89-93.

[4]曹一鸣,严虹,宋丹丹,等.高中数学标准的国际比较研究[M].上海:上海教育出版社,2017.

[5]蒲淑萍.法国中学数学教材的特色及启示[J].外国中小学教育,2012(8):54-56.

[6]王奋平,杜晓梅.俄罗斯高中代数教材整体知识结构研究[J].中学数学教学参考,2015(1):142-143.

[7]徐品方.函数概念的产生与发展[J].数学教师,1994(1):44-47.

[8]许嘉璐.中国中学教学百科全书(数学卷)[M].沈阳:沈阳出版社,1991.

[9]《数学手册》编写组.数学手册[M].北京:人民教育出版社,1979.

[10]李孟芹.函数概念的起源、演变与发展[J].大学数学,2011(6):179-183.

[11]中华人民共和国教育部.普通高中数学课程标准(实验)[S].北京:人民教育出版社,2003.

[12]中华人民共和国教育部.普通高中数学课程标准(2017 年版)[S].北京:人民教育出版社,2018.

从这个案例中我们可以看到,作者不仅清楚地知道自己对这个教材进行比较分析的原因,而且还知道怎么比较,以及比较后还要做什么。其中,他所进行的比较分析,既有单项比较分析,也有综合比较分析;既有求同比较分析,也有求异比较分析;既有定性比较分析,也有定量比较分析。

在单项比较分析方面,他不仅比较分析了 2004B 版与 2019B 版的编排结构,而且还比较了它们在呈现方面的变化情况等。在综合比较分析方面,他不仅比较了 2004B 版与 2019B 版的内容设置、内容安排、概念原理的学习、例习题的设置以及容量等,而且还对这些比较分析的内容进行了综合分析。在求同比较分析方面,他不仅对 2004B 版与 2019B 版教材的共同传统内容进行了比较分析,而且还对这些共同传统内容的共同要求进行了比较分析。在求异比较分析方面,他不仅对 2004B 版与 2019B 版教材的一些移动内容进行了比较分析,而且还对它们的增减内容进行了比较分析。在定量比较分析方面,他不仅对 2004B 版与 2019B 版教材的必修和选修内容的容量进行了比较分析,而且还对它们的例习题、封闭题、开放题、建模题的数量等进行了比较分析。在定性比较分析方面,他不仅对 2004B 版与 2019B 版的性质进行了比较分析,而且还对它们的特点、理念以及编写意图等进行了比较分析。

对教材作比较分析后,他对新版本教材的优势与不足作了点评。即 2019B 版克服了 2004B 版的许多不足,最突出的一点就是它把一些相近或联系紧密的内容有目的、有计划地整合到了一起。但 2019B 版存在的问题也很突出,例如,它把一些经典的传统内容从必修中移出,弱化了一些传统逻辑知识,降低了对演绎推理等的学习要求等。在此基础上,他提出了建议:不应以减负为由,将一些传统的经典内容从必修中移出;不应以降低难度为由,弱化逻辑知识;不能降低对演绎推理的学习要求；要慎重对待有争议的问题；建模不能虚设；案例学习要有依据。这种比较分析，不仅达到了对两种版本的高中数学教材作比较分析的目的，即明确了新教材（2019B 版）的结构、体系、编写特点、编写意图、内容安排、重点和难点的设置、教学要求，以及对一些问题的注意事项、处理建议等，而且还为我们今后更好地使用、拓展，特别是发挥好其作用提供了参考和依据。显然，这种对教材的比较分析，是一种具有非常强的现实意义，当然也具有非常深远的战略意义的分析。这也是我们要对教材进行比较分析的重要原因。

15 为什么要进行数学研究

15.1 问题的提出

教师发展研究表明,那些在教育教学中具有深厚造诣的教师,往往都拥有着丰富的研究背景。他们的研究不仅非常专业、综合、系统,而且还具有鲜明的指向性、目标性。正是有了这样的研究,才使得他们成为脱颖而出的佼佼者,才使得他们具有了与众不同的学识和惊人的业绩。此外,这些拥有深厚造诣的教师往往都善于从多个角度、多个方面同时进行多项研究,并且在别人不经意的时候完成他们的一些研究。例如,我国著名数学教育家孙维刚老师,他在进行跨学段研究的同时,还进行了极具有挑战性的板块研究。正是凭借着这样的研究,孙老师创造了我们中国教育史上前所未有的奇迹,而且他所创造的奇迹,至今尚无人超越。因此,要想使自己也成为具有深厚造诣的教师,除了要学习,再学习,以及拜访名师,参加高水平的学术团队学习之外,作一些必要的研究,也是必不可少的。以下是一篇关于中学数学中为什么设有两个函数定义研究的典型案例,我们不妨先看一下。

15.2 典型案例

从历史的视角看两种函数的定义

摘要:从历史的视角来看,对函数的定义并不是一蹴而就的,而是经历了多次变迁。每一次变迁都不是简单的否定,而是完善。例如,从格列哥里给出的定义,到莱布尼茨、约翰·贝努利、欧拉、黎曼、戴德金、维布伦、布尔巴基学派等给出的定义，无不如此。对此，中国中学数学现行的两种函数定义，都有其深刻的考虑。其优势在于遵循了认知发展规律、遵循了思维发展规律、遵循了历史发生原理、注重了概念引入的系统性和方法性。但这样做，也有不足，如这两种函数定义都是被淘汰的定义，不符合演绎数学和形式逻辑的概念界定规则，违背了同一律，违背了概念形成的教学原则，给教师的教育教学和学生的学习带来了许多困惑、误解以及麻烦和困难等。对此，建议重设函数定义。这样既可以更好地揭示函数的本质，又能让学生了解到人类对函数研究的最新成果。此外，在一定程度上还可以克服因两种函数的定义所带来的各种问题等。

关键词：两种函数的定义；变迁；建议

1　引言

长期以来，两种函数的定义一直困扰着广大一线教师、教研员和学者。究其原因，可能与以下因素有关。一是很多教师虽然都在中学学习过函数，而且在大学时还学习过数学分析、复变函数、实变函数、常微分方程、偏微分方程、泛函分析等，但对函数定义的变迁了解得并不多。二是在当前各类包含函数内容的教材中，很少有函数定义的变迁内容，因此，也就很少有人能从中知道一些函数定义的变化情况。三是在相关文献中，对有关函数定义变迁的研究成果也不多，致使人们很难从中找到这方面的资料。四是由于将两种函数定义分开设置，致使教学教研各行其是。即初高中学校只负责各自的函数教学，这样，初高中老师多关注各自负责的函数定义，对其他学段的函数定义情况关注得就不够。五是关于两种函数定义的学术研讨也很少，致使很多人只知道有两种函数定义，却搞不清楚为什么。因此，两种函数的定义是一个很值得研究的课题。

2　函数定义的历史变迁

要想搞清楚两种函数的定义，就要了解函数定义的历史变迁，这是搞清楚两种函数定义的前提。从历史的视角来看，对函数的定义大致经历了四个时期。

2.1　第一个时期

这一时期是16世纪及之前。早在公元前3世纪，古希腊数学家丢番图（Diophantus，公元前246—330年）在他所著的《算术》中，已经能用变量来解不定方程。14世纪，数学家尼克拉·奥莱斯姆（Nicole Oresme，法，1323—1382年）在他所著的《论质量与运动的结构》和《论图线》中，已开始研究与物体运动有关的变量，并用图形表示依时间t而变的x。16世纪，伽利略（G. Galilei，意，1564—1642年）和开普勒（J. Kepler，德，1571—1630年）则利用奥莱斯姆的这种方法研究天体的运行等。显然，这一时期是函数定义的萌芽期。在这一时期，虽然人们还不知道什么是变量，但已有了变量意识；虽然还搞不清楚变量之间所存在的联系，但已经能用这些联系解决一些与运动变化有关的简单问题。

2.2　第二个时期

这一时期是17世纪至18世纪末。17世纪，哈略特（T. Harriot，英，1560—1621年）和费尔玛（P. de Fermat，法，1601—1665年）先后发现，一些变量与不定方程的已知量和未知量有关。根据这一发现，他们在直角坐标系中，成功地用一种代数关系式——方程（直线、圆，还有其他一些圆锥曲线）表示出了两个变量之间的相依关系——曲线。1637年，笛卡儿（R. Descartes，法，1596—1650年）在他的著作《几何学》中，首次把与变量有关的概念，如“未知和未定的量”引入了解析几何，并用它们来描绘运动、刻画动点的运动轨迹。1665年，牛顿（I. Newton，英，1642—1727年）在创建微积分时，把函数当作曲线上变动的点（量）来研究，并用“流量”一词来表示变量之间的依赖关系，同时从运动的角度，把曲线看成是动点的轨迹。1667年，格列哥里（J. Gregory，英，1638—1675年）在他的文章《论圆和双曲线的求积》中，首次提出了与运算有关的函数定义，即函数是从其他的一些量经过一系列的代数运算而得到的，或者经过其他可以想象的运算而得到的。据他自己解释，这里可以想象到的运算，除了加、减、乘、除和乘方之外，还有极限运算。1692年，莱布尼茨（G. Leibniz，德，1646—1716年）在《教师学报》（*Acta Eruditorum*）上发表的一篇论文中首次使用了"function"一词来表示函数,并先后用这一词表示幂[一个变量 x 的函数就是它的 n 次幂(x^n)],以及与曲线上的点有关的量,如曲线上点的横坐标、纵坐标等。之后又在他所著的《历史》一书中,把函数定义为依赖于一个变量的量,同时引进了"常量""变量"和"参变量"等概念。1718 年,约翰·贝努利(Johann Bernoulli,瑞,1667—1748 年)在研究积分的计算时发现,在对待"找出变量之间的关系"表示上,用莱布尼茨定义的函数表示是很困难的,因为积分的目的就是在给定变量的微分中,找出变量之间的关系。于是他在莱布尼茨定义的基础上,又给出了一种与量有关的函数定义:变量的函数是由这个变量和一些常量以任何方式所构成的量。"任何方式"一词,他认为包括代数式子和超越式子。1748 年,欧拉(L. Euler,瑞,1709—1783 年)在他所著的《无限小分析引论》中,推广了贝努利的定义,并把贝努利定义中的"所构成的量"改成了"解析表达式",进而给出了函数的解析式定义。他认为只有由连续曲线所给出的函数才是连续函数,且可用单个式子来表达。也就是说,这样函数的解析式是唯一的。此外,他还用曲线来表示函数,并用莱布尼茨的"function"一词表示函数,用符号 $y=f(x)$ 表示变量 x 的函数(其中"f"取自"function"的第一个字母)。1797 年,拉格朗日(J. Lagrange,法,1736—1813 年)又深化了欧拉的见解,在他所著的《解析函数论》中,把一元或多元函数定义为:所谓一个或几个量的函数,是指任意一个适于计算的表达式,这些量以任意方式出现于表达式中,表达式中可以有(也可以没有)其他一些被称为具有给定和不变值的量,而函数的量值可以取所有可能的量值。同时他也肯定了欧拉关于函数是由解析式唯一给出的观点。显然,这一时期是函数定义的初步形成时期。在这一时期,虽然人们已抽象出了函数的概念,并认识到函数要由解析式唯一给出,但对函数的含义以及变量之间所存在的关系仍很模糊。

2.3 第三个时期

这一时期是 18 世纪末至 19 世纪末。18 世纪末,达朗贝尔(J. D'Alembert,法,1717—1783 年)、欧拉、狄里赫莱(J. Dirichlet,

德,1805—1859 年)在研究弦振动等问题时发现,有些函数根本不存在解析式,如狄里赫莱函数。但这些不存在解析式的函数可以用图象、表格,以及其他的存在形式来表示。还有一些函数的解析式并不唯一,如分段函数,且这类函数有时并不随自变量的变化而变化。于是在 1775 年,欧拉在他的《微分学》一书中,更新了函数解析式的定义,给出了函数的变量依赖定义:如果某些量依赖于另一些量,当后面这些量变化时,前面这些变量也随之变化,则前面的量称为后面量的函数。1797 年,拉克鲁瓦(S. Lacroix,法,1765—1843 年)在其编写的教材《微积分》中,首先否定了用解析式给出函数定义的观点,并给出了完全不用解析式的函数定义:每一个量,若其值依赖一个或几个别的量,不管人们知不知道用何种必要的运算可以由后者得到前者,就称前者为后者(这个或这些量)的函数。同年,拉格朗日在他的著作《解析函数论》中,提出了可用幂级数表示函数的观点。1807 年,傅里叶(B. Fourier,法,1768—1830 年)在他的著作《热的分析理论》中,提出了任何函数都可以表示成三角函数的观点,并通过举例说明了某些函数可用曲线表示,也可用一个式子表示,或用多个式子表示,从而结束了函数是由唯一一个解析式表示的说法。1823 年,柯西(A. Cauchy,法,1789—1857 年)在他写的著作《微积分学纲要》中,首次给出了一个引入了"自变数"一词的函数定义:在某些变数之间存在着一定的关系,当一经给定其中某一变数之值,其他变数之值亦可随之而确定时,则将最初的变数称为自变数,其他各变数则称为函数。在这一定义中,显然他推广了拉克鲁瓦的认识,并注意到函数是由"自变"所引起的"因变"。1837 年,狄里赫莱在柯西认识的基础上进一步注意到,函数概念中重要的不应该是"自变"所引起的"因变"现象,而是变量与变量之间所存在的某种对应关系。于是他拓宽了柯西的认识,给出了在对应观点下的函数定义,即变量的对应定义:若对于给定区间上的每个 x 的值,y 总有完全确定的值与之对应,那么 y 就叫作 x 的函数。他还进一步指出,y 依赖于 x 的关系是否可用数学运算式来表达,无关紧要。此外,司托克斯(G. Stokes,英,1819—1903 年)、罗巴切夫斯基(N. Lobachevsky,俄,

1792—1856 年)、黎曼(G. Riemann,德,1826—1866 年)、维尔斯特拉斯(K. Weierstrass,德,1815—1897 年)等,也都给出了相应的函数定义。其中,黎曼于 1851 年给出的函数定义,把狄里赫莱定义中的"完全确定的值"改为"唯一的一个值",进而完善了狄里赫莱的变量对应定义。同时,也进一步限定了变量 x 的取值区间和相关要求。1887 年,戴德金(J. Dedekind,德,1831—1879 年)又给出了在映射观点下的函数定义:系统 S 上的一个映射 Φ 蕴含了一种规则,按照这种规则,对于 S 中的每一个确定的元素 x 都对应着一个确定的对象 $\Phi(x)$,它称为 x 的映射,记作$\Phi(x)$。函数就是系统 S 的一个映射,其中 $\Phi(x)$ 由于映射 Φ 作用于 x 而产生或导出,x 经映射 Φ 变换成 $\Phi(x)$。显然,这一时期是函数定义的确立时期。在这一时期,人们发现了之前认识的不足,给出了函数的变量依赖定义。后来又发现这种认识也有不足,又给出了函数的变量对应定义,不足的是对变量的取值、对应的含义仍不明确。

2.4 第四个时期

这一时期是 20 世纪至今。19 世纪末以来,以维布伦(O. Veblen,美,1880—1960 年)为代表的一些数学家先后发现,变量的取值很复杂,并不像之前所认识的那样。它除了可以是数,如实数、复数、函数之外,也可以是其他的非数事物,如有形的点、线、面、体,以及无形的东西等。而函数不过是由这些变量所组成的两个集合元素之间的某种确定关系,这种确定的关系可以是某种法则、某种规律、某种数学计算,也可以是某种其他的存在方式,如公式、图象、表格,甚至是一些有形的、无形的、运动的、不运动的事物,而且作为元素的集合,丝毫不拘泥于它是连续的还是离散的。于是在 20 世纪初,维布伦又重新定义了变量和常量。即所谓变量是代表某集合中的任意一个"元素",常量则是特殊的变量,它是上述集合中只包含了一个"元素"情况下的变量。由变量 x 所代表的任意的元素,叫作这个变量的值。在康托尔(G. Cantor,德,1845—1918 年)所建立的集合论基础上,他给出了变量不一定是数的集合对应定义:若在变量 y 的集合与另一个变量 x 的集合之间,有这样的关系成立,即对 x 的每一个值,有完全确定的 y 值与之对应,则称变量 y 是变量 x 的函数。显然,在定义中,维布伦把函数的对应关系、定义域及值域进一步具体化了。后来,皮亚诺(G. Peano,意,1858—1932 年)、哈代(T. Hardy,英,1877—1947 年)等,也都给出了类似的函数定义:对于以集合为元素而构成的集合 P 的每一个元素 A,如果在另一个集合的集合 Q 中有完全确定的元素 B 与之对应,那么把集合 Q 叫作集合 P 的集合函数。显然,当集合 P、Q 中的元素 A、B(A、B 各是一个集合)是由唯一的元素构成时,这个定义就与维布伦的定义相一致。但不足的是,他们在定义中都使用了一些意义不明的术语,或者说在数学中没有定义过的术语,如变量和对应。为了避开这些术语,1914 年和 1921 年,豪斯道夫(F. Hausdorff,德,1868—1942 年)和库拉托夫斯基(K. Kuratowski,波,1896—1980 年)又先后使用序偶给出了函数的集合关系定义。1939 年布尔巴基(N. Bourbaki,法,1858—1932 年)学派则不使用序偶给出了函数的集合关系定义:设 E 和 F 是两个集合,它们可以不同,也可以相同。E 中的一个变元 x 和 F 中的变元 y 之间的一个关系称为一个函数关系。如果对每一个 $x\in E$,都存在唯一的 $y\in F$,它满足与 x 的给定关系,我们将联系每一个元素 $x\in E$ 和元素 $y\in F$ 的运算称为函数,y 称为 x 处的函数值,函数是由给定的关系决定的。两个等价的函数关系确定了同一个函数。20 世纪 60 年代,布尔巴基学派等又使用集合的直积给出了函数的集合关系定义:设 A、B 是两个集合,f 是直积 $A\times B=\{(x,y)\mid x\in A,y\in B\}$的子集(也称 A 与 B 的一个关系)。若对任意一个 $x\in A$,都存在唯一的 $y\in B$,使得 $(x,y)\in f$(或若当 $(x,y)\in f$,且 $(x,z)\in f$ 时,总有 $y=z$),则称 f 为定义在 A 上、取值在 B 中的一个函数。显然,后两个定义比之前的定义都要严密了:其一,定义中不再使用那些意义不明的术语,如变量和对应;其二,取消了之前定义中直接或间接涉及的自变量、因变量、定义域、值域等问题。显然,这一时期是函数定义的再次发展时期。在这一时期,人们不仅搞清了变量的取值和对应的含义,而且还能从集合论和公理化的角度对函数的定义进行探讨,并给出了函数的集合对应定义以及关系和直积定义。不足的是,在定义之中使用了未加定义的概念“集合”,这为定义在今后有可能再次被修订埋下了伏笔。

3 重设函数定义

由函数定义的历史变迁可以看出,对函数的定义,并不是一蹴而就的,而是经历了由格列哥里给出的与运算有关的定义,到莱布尼茨给出的幂的定义,约翰·贝努利给出的与量有关的定义,欧拉给出的解析式定义和变量依赖定义,黎曼给出的变量对应定义,戴德金给出的映射定义,维布伦给出的集合对应定义,布尔巴基学派给出的集合关系定义和直积定义等的多次变迁。每一次变迁都不是简单的否定,而是完善。即每一次变迁,都是之后的定义对之前定义不足的克服,但是这种克服不是简单的否定,而是打破之前的认识局限,在肯定之前定义积极因素的基础之上,进一步完善之前的定义。在 17 世纪至 18 世纪末,人们主要是把函数当作曲线上变动的点,或者是与曲线上变动的点有关的量来研究,并把它定义为一些量的运算,如幂等。但是在进行积分时,人们发现这些定义都有问题。它们并没有把函数与另一个变量之间的关系用一种适当的方式表示出来,而要进行积分就需要这种方式。于是,为了克服这一不足,给出了与量有关的定义。但是这个定义也存在问题,因为它只指出了函数是一个由变量和常数以任何方式所构成的量。然而,它却没有指明这个量是一个什么量。于是,为了克服这一不足,又给出了解析式定义。解析式定义不仅阐明了这个量是一个什么量,而且还进一步指出了这个量是表示函数的唯一的量。这个量是一个解析表达式,即一种通过加、减、乘、除、开方、三角、指数、对数等运算所构成的包括变量和常量的式子。到了 18 世纪末至 19 世纪末,人们发现这个解析式定义也存在缺陷。因为并不是所有的函数都存在解析式,并且有些函数的解析式并不唯一等。为了克服这一缺陷,又给出了函数的变量依赖定义。但很快就发现这个定义也有不足,因为它把那些可以用图形、表格以及其他的存在方式来表示的函数排除在外了。于是,又给出了变量的对应定义。再到

19世纪末至20世纪上半叶，人们发现变量的对应定义也有不足。其一，一方面，它的变量取值明显狭窄，只局限于数；另一方面，它的变量的意义也明显狭窄，只是指取不是定值的值。其二，它的对应的意义也明显狭窄，主要是指数集与数集之间数的对应，对于那些具有更广泛意义的对应还远没有认识到。为了克服这些不足，在重新定义了变量、常量等的基础上，又给出了集合的对应定义。但遗憾的是，这个定义由于使用了在数学中没有定义过的术语，如变量、对应等，违背了演绎数学理论的概念界定要求。为了解决这一问题，又给出了集合的关系定义以及后来的直积定义。

目前，中国中学数学教材中所设置的两种函数定义，初中的定义主要源于黎曼给出的变量对应定义，高中的定义主要源于维布伦给出的集合对应定义。显然，这种设置既有其优势，也有其不足。

3.1 优势

3.1.1 遵循了认知发展规律

认知心理学认为，学生对概念的学习是有难易顺序的，一般的规律是：识别概念优于说明概念，对概念外延的掌握优于对概念内涵的掌握；对概念内涵的掌握，要看概念本质属性的多少，以及各本质属性之间的结构是怎样的。一般来说，本质属性越多的概念，形成越容易；非本质属性越多，概念形成难度越大。析取概念比合取概念难于形成，蕴涵概念比析取概念难于形成。因此，在安排对概念的学习时，一般都是先安排具体的概念然后再安排抽象的概念，先安排形式概念再安排辩证概念。从中国中学数学教材对两种函数定义的设置来看，显然遵循了这一规律。即先安排具体的形式概念——初中的变量对应定义，然后再安排抽象的辩证概念——高中的集合对应定义，这非常有利于学生对函数定义的学习。

3.1.2 遵循了思维发展规律

心理学研究表明，升入初中以后的学生，他们的思维逐渐地脱离对感性经验的依赖，由经验型抽象思维逐步上升到理论型抽象思维，且遵循一定的发展规律。其中，初中学生的思维以具体的形象思维为主流，逐步向形式逻辑思维过渡；高中学生的思维在继续完善形式逻辑思维发展的前提下，辩证思维开始逐渐占主流。因此，在不同的阶段安排什么学习内容就显得尤为重要。一般来说，在初中阶段安排适合在局部的、静止的、分隔的状态中学习的定义，到了高中再安排适合在联系的、动态的、发展的状态中学习的定义，这样比较符合学生的思维发展要求。从我国现行教材安排的两种函数定义来看，初中安排的具有过程性的变量对应定义以及高中安排的具有对象性的集合对应定义，恰好体现了这一思维发展规律。显然，这也非常有利于学生对函数定义的学习。

3.1.3 遵循了历史发生原理

历史发生原理认为，个体与人类社会的认知过程具有一定的相似性；个体的心理发展过程是人类社会认识发展的简约反映；人类在探索概念的认知过程中所面临的困难，也是学生在学习理解这一概念时的困难所在。因此，在选择教育教学方式、组织学习内容时，若能适当地再现当时知识发生的场景，那么将会更好地优化学生学习的逻辑顺序和心理顺序，进而更有益于教育教学。从我国现行教材给出的两种函数定义来看，基本遵循了函数定义的历史变迁顺序，显然遵循了历史发生原理。

3.1.4 注重了概念引入的系统性和方法性

形式逻辑认为，概念不仅是构成判断（命题）和推理（论证）的基本要素，也是思维的起点。因此，在让学生获取概念时，必须要关注对它引入的系统性和方法性。从中国中小学教材对两种函数定义的学习设计来看，显然有很充分的考虑。例如，在对初中函数定义引入时，首先在小学铺垫的基础上，让学生发现并提取出了变量的概念，在之后的学习中，让学生通过对两个变量之间所存在关系的学习，发现并认识了不同变量所扮演的角色，从而提取出了初中函数定义。在对高中函数定义引入时，它先是通过所设置的问题，让学生发现之前初中定义存在的不足，然后提出新的问题，让学生探索，进而提取出函数的高中定义。显然，这种设计既注重了概念引入的系统性,也注重了概念引入的方法性。

3.2 不足

3.2.1 两种函数的定义都是被淘汰的定义

由函数定义的历史变迁可知,黎曼的变量对应定义不仅存在着变量的取值和变量的意义狭窄问题,而且对对应含义的认识也还很模糊。维布伦的集合对应定义,虽然克服了黎曼变量对应定义的一些不足,但与黎曼的变量对应定义一样,仍使用了一些意义不明的术语,如变量、对应。因此,这两种函数的定义,在函数定义的历史变迁中,都属于被淘汰的定义。

3.2.2 不符合演绎数学的概念界定规则

根据演绎数学理论的概念界定规则,当对一个新概念作界定时,为了避免循环定义,必须要使用那些不加定义的基本概念,或是已经界定好了的概念,然后以它们为出发点,通过适当的语言给出新概念的定义。但从中国教材所给出的这两种函数定义来看,它们都使用了在数学中没有界定过的概念,如变量和对应。因此,用这样的概念给函数作界定,是不符合演绎数学概念界定规则的。

3.2.3 不符合形式逻辑的概念界定规则

在形式逻辑的概念界定规则中规定,在对一个新概念作界定时,必须要遵循所谓的定义相称原则,即在对一个新概念作界定时,定义项的外延与被定义项的外延要完全相等。但是,从中国教材所设置的这两种函数定义来看,显然都不符合这一规则。

3.2.4 违背了同一律

在形式逻辑学中,同一律是必须要遵循的四大规律之一。其内容为:在同一思维过程中,一切思想都必须与自身保持同一。因为只有这样,才可以保证思维的确定性,否则就会犯混淆概念、偷换概念、转移论题的错误。从中国教材所设置的两种函数定义来看,显然没有做到使其思想与自身保持同一,因而犯下了混淆概念、偷换概念、转移论题的错误,所以违背了同一律。

3.2.5 违背了概念形成的教学原则

对概念的学习一般有两种形式:一种是同化,另一种是形成。

从中国教材的安排角度来看,对函数定义的学习采用的是概念形成的形式。对于概念的形成,教学是有原则的,即先要为学生提供大量的、丰富的素材,然后让学生通过对这些素材的学习,抽象出概念的本质属性,进而给概念作出界定,并在这个过程中引导学生来学习这个概念。但是从中国教材所设置的对两种函数定义的学习内容来看,可以说都没有达到这样的要求。既没有为学生提供必要的学习素材,也没有让学生抽象出函数的本质属性,但是匆忙地就给出了两种不完善的函数定义。这明显违背了概念形成的教学原则。

3.2.6　给广大一线教师、教研员和学者带来了许多不应有的困惑、误解

中国教材所给出的这两种函数定义,给广大一线教师、教研员和学者带来了许多困惑。例如,同一个概念为什么给出两种定义?在初中已经给出了一种函数的定义,为什么在高中还要再给出一种函数的定义?再例如,函数定义就有两种:一种是初中时的定义,另一种是高中时的定义,以及两种定义本质一样,只不过是在不同的时期教授……

3.2.7　与国外一些教材的处理方式不一致

与国际教材比较来看,国外的一些教材比较强调本质,淡化形式。它们并不像中国教材这样过度地关注函数的定义,也不过早地给出函数的定义。它们首先为学生提供丰富的学习材料,然后通过学习,让学生从中不断地感悟函数的意义、理解函数的意义,最后在一定铺垫的基础上,再让学生自己抽象出函数的概念。这与中国教材在这一问题的处理上有很大的不同。

3.2.8　给学生的学习和教师的教学带来了不应有的困难和麻烦

众所周知,在数学中经常有一些术语与生活中的某些术语同名,但在意义上却有很大差异。如果不让学生知道这些数学术语,只让学生用他们所领会的生活术语,去学习在数学中与这些数学术语有关的概念和命题,那么他们往往会很难搞明白这些概念和命题,甚至可能还会产生误解。但从中国现行教材所给出的初高中两

种函数定义来看，都用到了这样的术语，如对应。这样就发生了以下情况：很多老师为了让学生知道数学中的对应，不得不补讲它，但补讲的话，在数学教材中还没有它的定义，于是又不得不到一些数学字典、词典上查找，然后再给学生补讲。下面是目前中国最有权威的中国中学数学百科全书给出的对应定义：设 A、B 是两个集合，对于 A 中的任何一个元素，若在某给定的法则 f 的作用下，总可以得到 B 中确定的元素，则 f 称为 A 到 B 的一个对应，记作：$A\to B$。若 f 是两个非空集合 A、B 的一个对应，那么它有四种情形，即一对一、一对多、多对一、多对多。显然，如果补讲这个定义的话，那么在目前中国高中数学中所用的集合对应定义，就体现不出其比之前在中国高中数学中所用的映射定义的优越之处。特别地，这也给学生的学习和教师的教学带来了不应有的困难和麻烦。

基于此，建议重设函数定义，即针对目前在中国中学数学教材中所给出的两种函数定义，只给出一种函数定义，且要给出函数的最新定义，如直积定义。这样既可以更好地揭示函数的本质，又能让学生了解到人类对函数研究的最新成果。此外，在一定程度上还可以克服因两种函数的定义所带来的各种问题等。

参考文献

[1]保继光，曹絮.也谈函数的定义[J].数学通报，2018，57(5)：14-17.

[2]杜石然.函数概念的历史发展[J].数学通报，1961(6)：36-40.

[3]李鹏奇.函数概念 300 年[J].自然辩证法研究，2001(3)：48-51.

[4]徐品方.函数概念的产生与发展[J].数学教师，1994(1)：44-47.

[5]李孟芹.函数概念的起源、演变与发展[J].大学数学，2011(6)：179-183.

[6]汪晓勤.19 世纪中叶以前的函数解析式定义[J].数学通报，2015，54(5)：1-7.

[7]覃淋.函数概念的产生与发展[J].中学生数学,2019(1):20-23.

[8]莫里斯·克莱因.古今数学思想[M].张理京,张锦炎译.上海:上海科学技术出版社,1979:1-32.

[9]吉特尔曼.数学史[M].欧阳绛译.北京:科学普及出版社,1987:265.

[10]申先甲,林可济.科学悖论集[M].长沙:湖南科学技术出版社,1998:63-84.

[11]朱文芳.函数概念学习的心理分析[J].数学教育学报,1999,8(4):23-25.

[12]郑文晶.HPM视角下初中、高中、大学教科书函数定义的初探[J].呼伦贝尔学院学报,2017,25(5):132-133.

[13]诸葛殷同,张家龙,周云之,等.形式逻辑原理[M].北京:人民出版社,1982:306-326.

[14]曹一鸣,王光明,代钦.数学教学心理学[M].北京:北京师范大学出版社,2018:234-238.

[15]周春荔,张景斌.数学学科教育学[M].北京:首都师范大学出版社,2001:271-288.

[16]陈蓓.函数概念的发展与比较[J].数学通讯,2005,7(5):1-3.

[17]许嘉璐.中国中学教学百科全书(数学卷)[M].沈阳:沈阳出版社,1991:7.

15.3 案例分析与总结

由以上这个案例我们不难看出,这位老师所研究的问题,其实也是我们身边存在的问题,与其他问题相比,并没有什么特别之处。不同的是,它却一直困扰着我们,并深深地影响着我们对函数的认识以及教学活动。对此,非常希望能够予以解决。此外,他所作的这个研究还非常具有挑战性。首先,与这个研究相关的资料就很难收集。其一,它所涉及的很多内容都是之前的东西,有的历史悠久,而且持续的时间很长。其二,查阅的很多都是国外资料。因此,有很多资料还需要从国内相关的文献中查找,这种查找非常不容易。其三,在我国相关的资料中,内容分布非常零散,还需要从多个图书馆或数据库中查找,其中的一些资料可能还找不到。其次,对所得到的资料也很难整理。因为这些资料不仅杂乱无章,而且在年代上跨度也很大,如果不能按照一定的标准有效地分类整理,很难理出头绪来。再次,还要对所整理出来的资料进行分析,这是这个研究的关键,也是最难的一项工作。这不仅需要这个老师具备一定的研究能力,而且还要求他对函数有一个很深入的研究。他不仅要能透过现象看到各个时期所给出的函数定义的本质,还要能够推测出那些曾给出函数定义的数学家们对函数是怎样认识与理解的,并能解读出他们所给出定义之间的联系。然后再按照时间的进程,把函数定义变迁的历史脉络厘清,并指出各个时期函数定义的特点以及存在的问题等。最后,还要用适当的方式把自己研究的成果表示出来,而这也是一项很难进行的工作。如果没有一定的专业素养,就很难把自己独到的见解表达出来,那么文章就很难具有说服力。然而,这个老师并没有因此而退却,相反,他还能知难而进。他不仅收集到了大量关于函数的产生、发展以及演进的资料,而且还按照时间的脉络,把函数在各个时期的定义的变化情况分类整理了出来,并通过分析这些定义弄清了函数定义变迁的原因,并发现了其中的变迁规律,从而搞明白了中学数学中两个函数定义的来源及联系。根据他所掌握的函数定义并结合自己对教育教学的研究,分析了两个定义的利弊,特别是他还尖锐地指出了其弊所带来的危害。这既回应了文章开头提出的两个定义为什么长期困扰着教师、教研员、学者的问题,又提出了如何解决这一问题的建议。

纵观他的研究你会发现,他所设计的每一个环节、每一个段落,甚至每一节标题,无不充满了他对问题研究的意识、智慧,以及对问题解决的渴望和思辨。这不仅体现在他所发现的问题上、指出的问题上、提出的问题上、分析的问题上，也体现在他所提出的建议上。因此，当你读到这篇文章时，你就会如同他那样，置身于他所作的研究之中，这不仅会让你为函数定义的变迁而震惊，而且还会让你亲历他所亲历的那样；不仅能让你看到函数的各种现象，而且还会让你透过这些现象看到函数的本质。特别是他对两种函数定义不足之处的深刻分析，同样会让你产生强烈的共鸣。试想有那么一天，我们的教材采纳了他所提出的建议，这样的话，不仅解决了长期困扰着广大一线教师、教研员和学者的问题，甚至可能还会给对函数的教学带来一场前所未有的变革。如果真是这样的话，那么他所作的这个研究就太有意义了。可见，一项研究对于解决教师所面临的困惑，对于解决在教学中所遇到的问题，以及对于促进教师的专业发展来说至关重要。

总之，教育离不开研究，但研究不能没有教师。无数的教育研究表明，越是开展与课堂教学有着密切联系的问题的研究，越是需要有广大一线教师的参与，而有了他们的参与，才使这些研究变得越来越扎实，越来越有意义，同时也越来越有实践性。此外，还有很多最基础的研究，最终能够得到完美的解决，实际上也都得益于教师的参与，尤其得益于他们高质量完成所承担的研究任务。因此，教师作一些研究，不应只是教育教学的要求，也应是教师的职业发展需要，特别是成为一位有理想、有抱负的教师的需要。